누구나 영작문

문장으로 완성하는

따라쓰기

5형식편

누구나 영작문 - 5형식 편

초판 1쇄 인쇄 2017년 6월 13일
초판 1쇄 발행 2017년 6월 23일

지은이   오석태
펴낸이   임충배
편집   양경자
영업/마케팅 김요한
디자인   여수빈
펴낸곳   도서출판 삼육오 (PUB.365)
제작   (주)피앤엠123

출판신고 2014년 4월 3일
등록번호 제406-2014-000035호

경기도 파주시 산남로 183-25
TEL (031)946-3196 FAX (031)946-3171
홈페이지   www.pub365.co.kr

ISBN 979-11-86533-67-3 13740
Copyright©2017 by PUB.365, All rights reserved.

- 저자와 출판사의 허락 없이 내용 일부를 인용하거나 발췌하는 것을 금합니다.
- 저자와의 협의에 의하여 인지는 붙이지 않습니다.
- 가격은 뒤표지에 있습니다.
- 잘못 만들어진 책은 구입처에서 바꾸어 드립니다.

이 도서의 국립중앙도서관 출판예정도서목록(CIP)은 서지정보유통지원시스템 홈페이지(http://seoji.nl.go.kr)와
국가자료공동목록시스템(http://www.nl.go.kr/kolisnet)에서 이용하실 수 있습니다.(CIP제어번호: CIP2017013456)

누구나
문장으로 완성하는
영작문
따라쓰기

5형식편

저자 오석태

Pub·365

유행의 발걸음은 참 빠릅니다. 뒤쳐져 어영부영 걷다가는 어색한 발자국만 남습니다. 흉내만 내서는 그 유행에 동참하기 어렵습니다. 소리 없는 비웃음과 자책으로 얼룩지고 맙니다.

영어학습에서도 참 다양한 유행이 존재와 소멸을 반복합니다. 인기와는 상관없는 유행의 반복입니다. 영어 쓰기. 어느새 유행의 끝물로 보입니다. 그 끝물에 제가 막차를 타고 있는 듯합니다. 그런데 말이죠. 가만히 생각해보니 영어 쓰기는 단순한 유행이 아니라는 생각이 듭니다.

제가 영어를 처음 배우던 시절. 그 시절로 돌아가봅니다. 단어를 외우고 문장을 외울 때 어떤 방법이었을까? 쓰기였습니다. 연필, 볼펜, 그리고 펜과 잉크를 들고 때로는 하얀 노트에, 때로는 누런 갱지에 단어와 문장을 하염없이 적어내려 갔습니다. 그랬습니다. 영어 쓰기는 유행이 아니라 영어의 시작이었습니다.

영어 쓰기가 유행을 탈 일은 없습니다. 영어학습의 시작입니다. 그리고 그 시작이 이미 지났다 해도 어느 날 여유 있는 시간에 펜 한 자루 들고 영수증 뒷면에, 다이어리나 저널의 한 면에 긁적일 수 있는 것이 바로 영어 단어, 영어 한 문장입니다.

〈누구나 영작문〉에 적힌 280개의 문장들을 다 적고 난 후에는 늘 암송하고 다니세요. 그러면 그것들이 자연스레 응용되면서 삶에 새로운 자극을 받게 됨은 물론 예상치 못했던 영어실력의 향상이라는 큰 결과를 누리게 될 겁니다.

문제는 문장의 질(質)입니다. 어떤 문장을 쓰느냐는 겁니다. 그리고 그 문장을 통해서 무엇을 배울 수 있느냐 입니다. 말에서 나오는 가벼운 문장. 글에 등장하는 가벼운 문장. 하지만 단순히 가볍지만은 않은 문장. 영어의 어법을 제대로 배울 수 있는 문장. 그런 문장들로 이 쓰기 노트가 채워졌습니다.

〈누구나 영작문〉에 나오는 쉽고 탄탄한 문장들을 통해서 영어의 어법을 수월하게 익혀보세요. 한 문장 한 문장 적어 내려갈 때마다 기분이 새로워 질 겁니다. 문장의 팁을 약간은 진지하게 들여다보세요. 예전에 알았던 내용, 미처 신경 쓰지 못했던 내용, 새롭게 알게 되는 내용들이 자리를 잘 잡고 있을 겁니다. 영어라는 주제에 한동안 무심했던 내 뇌에 새로운 탄력을 주고, 그 탄력으로 흥분된 산소의 흐름이 다시 뇌에 전달되면 단순한 상쾌함을 넘어서 육체적 건강에까지 이어진답니다.

서문

목차

Part 1 연습

쓰기연습

1. 대문자 필기체 연습 — 12
2. 소문자 필기체 연습 — 14
3. 접두어 필기체 연습 — 16
4. 접미어 필기체 연습 — 20

Part 2 5형식

제1장 1형식
1. 주어 + 동사   24
2. 주어 + 동사 + 부사(구)   29
   / 주어 + 부사 + 동사
3. 주어 + 동사 + 전치사구   34
4. 주어 + 동사구(동사+부사) + 전치사구   39

제2장 2형식
1. 주어 + be 동사 + 형용사   46
2. 주어 + be 동사 + 형용사 + to 부정사   49
3. 주어 + be 동사 + 형용사 + 전치사구   52
4. 주어 + be 동사 + 명사   56
5. 주어 + 감각동사 + 형용사   61

제3장 3형식
1. 주어 + 동사 + 목적어   68
2. 주어 + 동사 + 목적어 + 부사/전치사구   73
3. 주어 + 동사 + to 부정사   78
4. 주어 + 동사 + 동명사   83

제4장 4형식
1. 주어 + 동사   90
   + 간접 목적어 + 직접 목적어 (+ 부사)
2. 주어 + 동사   96
   + 간접 목적어 + 직접 목적어(구/절)
3. 주어 + 조동사 + 동사   99
   + 간접 목적어 + 직접 목적
4. 동사   105
   + 간접 목적어 + 직접 목적어(명령문)

제5장 5형식
1. 주어 + 동사   112
   + 목적어 + 목적보어(형용사)
2. 주어 + 동사   119
   + 목적어 + 목적보어(현재분사)
3. 주어 + 동사   123
   + 목적어 + 목적보어(동사 원형)
4. 주어 + 동사   128
   + 목적어 + 목적보어(to 부정사)

HOWTO

이 책은 다음과 같이 7단계의 체계로
영작문을 연습합니다.

STEP 1

필기체로 영어를 써 보셨어요?
호랑이 담배피던 시절에 a~z까지
연결하며 써봤던 기억이 좀~ ^^
영어 작문도 하며 더불어
나만의 영어 필기체가 완성되니 정말 멋지네요.
* 〈나만의 멋진 영어 필기체 완성〉 워크북 별매 4,900원

03 자주 사용되는 접두어를 영어 필기체로 써보세요.

In, Within (가운데, 안)의 뜻이 있는 것 : en-, inter-   *enjoy* 즐기다 /
enjoy
envelope
                                    *inter*national 국제의 / *inter*cept 되
international
intercept

STEP 2

주어 + be 동사 + 형용사 + to 부정사
나는 너를 만나게 되어서 정말 기쁘

총 280개 문장으로
영작을 완성합니다.
먼저 주어와 서술어를 찾습니다.

주어 나는   서술어 기쁘다

STEP 3

영작을 하기 위한 주요 단어
먼저 학습을 해볼까요?
아는 단어일 수도 있고,
그렇지 않을 수도 있고…
꼭 암기하고 넘어가세요.

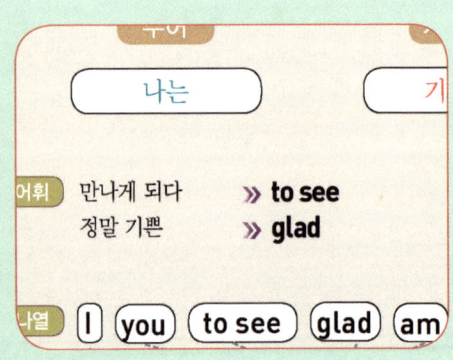

나는   기
만나게 되다 » to see
정말 기쁜   » glad

I you to see glad am

STEP 4

영어 단어를 우리나라 말 순서로 나열해볼까요?
한글 어순대로 영어를 한다면???
('뭔 소리린지...'
연신 물음표 던집니다. ^^)

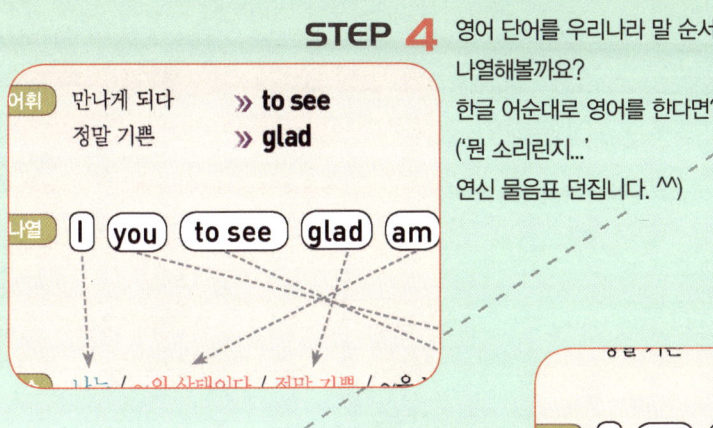

STEP 5

이번엔 영어식 어순으로 한글을 배열해보아요.
우리나라 말과 영어의 배열 순서가 달라짐을 느끼셔야 합니다.
그 느낌적인 느낌~ 꼭 체감하세요.

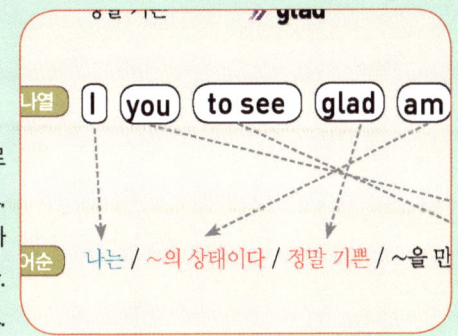

Tips

의역 : 만나서 정말 반가워.

- to 부정사인 to see you는 형용사인 glad를 수식합니다.
- 형용사를 수식하는 품사는 부사이지요.
- 결국 to 부정사가 '부사적 용법'으로 쓰이고 있는 것입니다.
- 의미상으로는 to see you가 glad의 이유가 됩니다.

STEP 6

작문을 잘~ 하기 위해서는 최소한 초급 문법적인 부분 또는 각 단어마다 숨겨진 의미에 대해 뉘앙스를 알아야 할 것 같아요.
Tip으로 정리하였으니 한 번씩 읽고 넘어가시면 좋습니다.

STEP 7

잘 따라 오셨나요?
이제는 마무리할 단계~
그냥 다음장으로 넘어가면 실력 안붙어요!
자기의 것으로 만들기 위한 필수 코오쓰~!!
5회 학습한 문장을 직접 써 봅니다.
쓰면서 연습하는 것이 가장 좋아요.

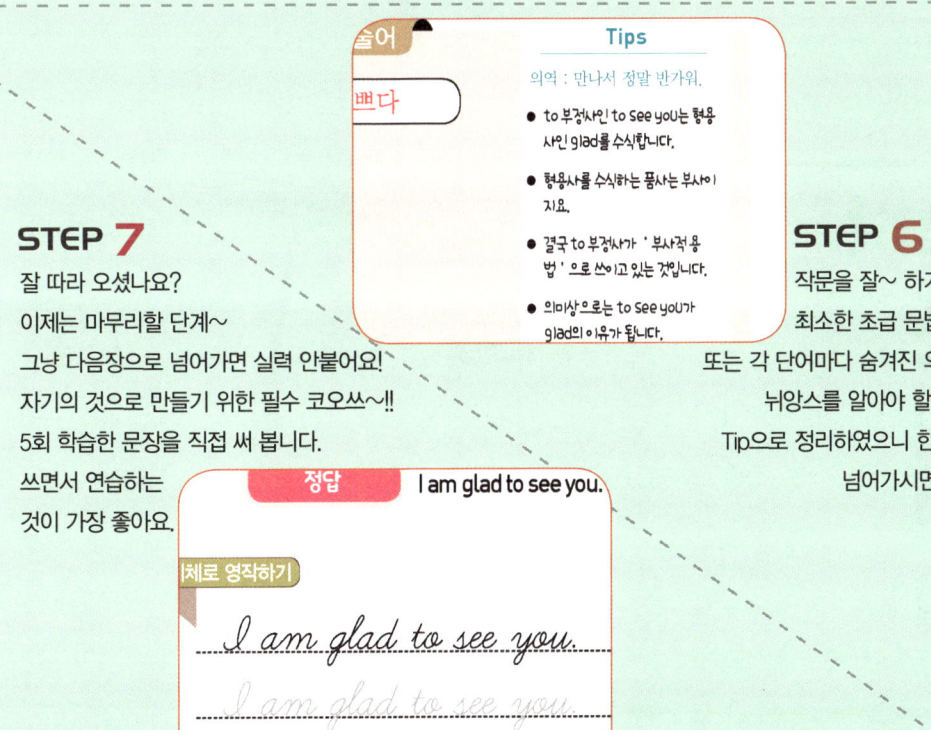

정답 : I am glad to see you.

Part 1
쓰기연습

Cursive Handwriting

★ 본 도서는 영어 문장을 필기체로 직접 쓰면서 학습합니다.

★ 홈페이지에서 무료로 필기체 연습 노트를 제공합니다.

★ www.pub365.co.kr 〉 도서자료실 〉 "필기체" 검색

★ 〈나만의 멋진 영어 필기체 완성〉 별매 / 4,900원

*01 알파벳 대문자를 영어 필기체로 써보세요.

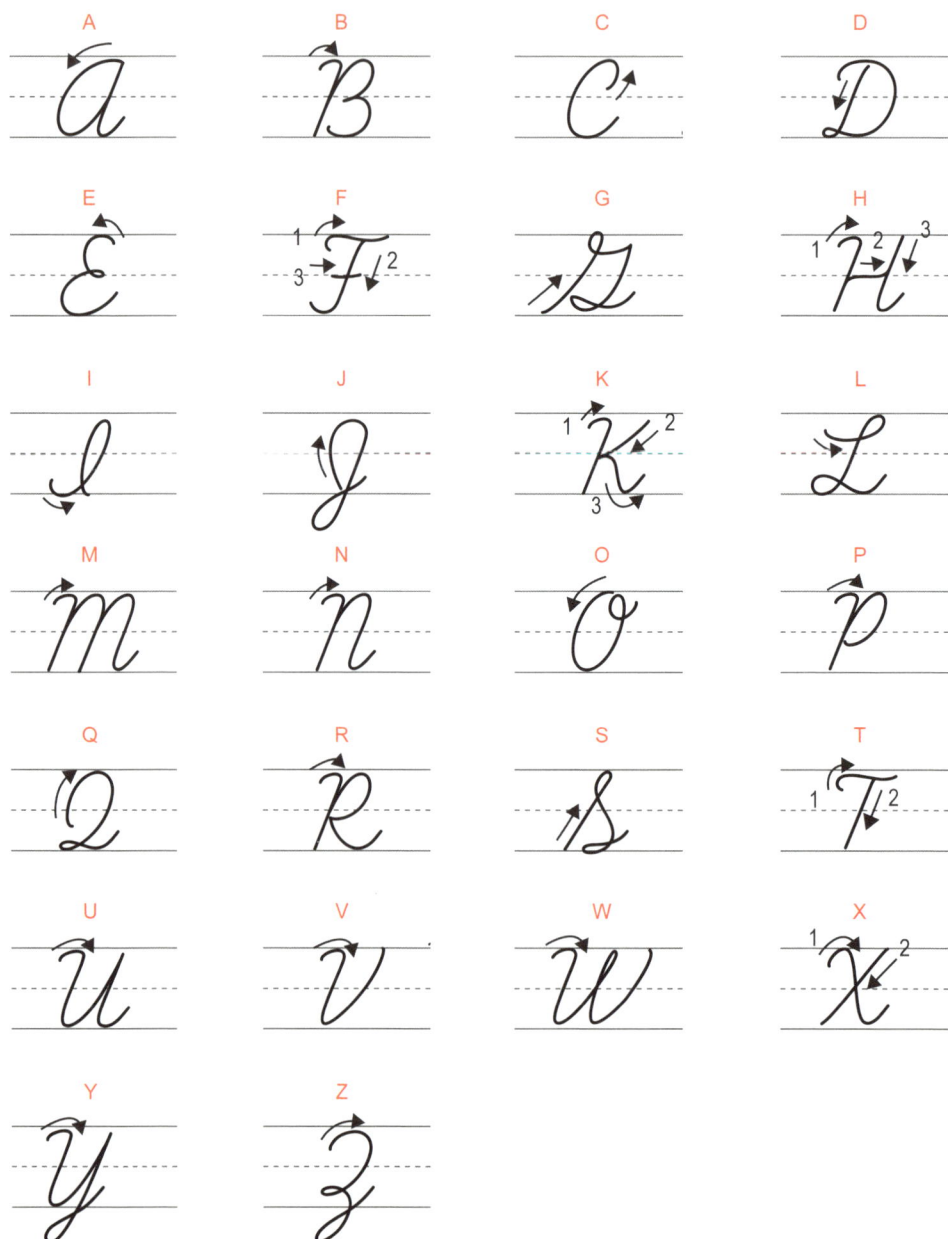

* 홈페이지(www.pub365.co.kr) 도서자료실에서 필기체 연습용 워크시트를 다운받을 수 있습니다.

A	B	C	D
E	F	G	H
I	J	K	L
M	N	O	P
Q	R	S	T
U	V	W	X
Y	Z		

*02 알파벳 소문자를 영어 필기체로 써보세요.

* 홈페이지(www.pub365.co.kr) 도서자료실에서 필기체 연습용 워크시트를 다운받을 수 있습니다.

a	b	c	d
e	f	g	h
i	j	k	l
m	n	o	p
q	r	s	t
u	v	w	x
y	z		

*03 자주 사용되는 접두어를 영어 필기체로 써보세요.

Before, Forward (앞, 전진)의 뜻이 있는 것 : pre-, pro-

predict 예언하다 / **pre**vious 앞의

predict predict

previous previous

proceed 진행하다 / **pro**gress 진보하다

proceed proceed

progress progress

After, Backward (뒤, 후퇴)의 뜻이 있는 것 : post-

posterity 자손 / **post**pone 연기하다

posterity posterity

postpone postpone

Down, Under (아래)의 뜻이 있는 것 : sub-, sup-

submarine 잠수함 / **sub**way 지하철

submarine submarine

subway subway

support 지탱하다 / **sup**pose 예상하다

support support

suppose suppose

Negative (부정)의 뜻이 있는 것 : mis-, dis-

misfortune 불행 / **mis**fit 부적합

misfortune

misfit

discomfort 불쾌 / **dis**honest 정직하지 않은

discomfort

dishonest

Against (반대)의 뜻이 있는 것 : anti-

antidote 해독제 / **anti**pathy 반감

antidote

antipathy

Away, From (분리)의 뜻이 있는 것 : de-, se-

decline 거절하다 / **de**liver 배달하다

decline

deliver

separate 분리하다 / **se**rve 절단하다

separate

serve

*03 자주 사용되는 접두어를 영어 필기체로 써보세요.

In, Within (가운데, 안)의 뜻이 있는 것 : en-, inter-　　　**en**joy 즐기다 / **en**velope 봉투

enjoy enjoy

envelope envelope

　　　　　　　　　　　　　　　　　　　　　　　　international 국제의 / **inter**cept 도중에서 빼앗다

international international

intercept intercept

After, Backward (뒤, 후퇴)의 뜻이 있는 것 : ex-　　　**ex**hibit 전시하다 / **ex**pose 노출하다

exhibit exhibit

expose expose

With (합동)의 뜻이 있는 것 : com-, sym-　　　**com**passion 동정 / **com**panion 동료, 상대

compassion compassion

companion companion

　　　　　　　　　　　　　　　　　　　　　　　　sympathy 동정심 / **sym**phony 교향곡

sympathy sympathy

symphony symphony

수에 관한 것 : uni-, twi- **uni**form 제복 / **uni**t 단위

uniform *uniform*

unit *unit*

twice 두 번 / **tw**in 쌍둥이

twice *twice*

twin *twin*

Around (주위)의 뜻이 있는 것 : circu- **circu**it 주변 / **circu**late 순환하다

circuit *circuit*

circulate *circulate*

Good (좋음)의 뜻이 있는 것 : beni-, wel- **beni**gn 친절한 / **beni**son 축복

benign *benign*

benison *benison*

welcome 환영하다 / **wel**fare 행복

welcome *welcome*

welfare *welfare*

*04 자주 사용되는 접미어를 영어 필기체로 써보세요.

Abstract Noun (추상명사)을 만드는 것 : –al, –ure

survival 살아남음 / denial 부정

survival survival

denial denial

culture 문화 / adventure 모험

culture culture

adventure adventure

Major (전공)의 뜻이 있는 것 : –ics

mathematics 수학 / physics 물리학

mathematics mathematics

physics physics

Plenty (충분한)의 뜻이 있는 것 : –ful, –ous

careful 주의 깊은 / useful 유용한

careful careful

useful useful

famous 유명한 / perilous 위태로운

famous famous

perilous perilous

Ability (가능성)의 뜻이 있는 것 : -able, -ible   eatable 먹을 수 있는 / lovable 사랑스러운

eatable eatable

lovable lovable

credible 믿을 수 있는 / impressible 느끼기 쉬운

impressible impressible

credible credible

Like (~와 같은,~다운)의 뜻이 있는 것 : -like   manlike 남자다운 / godlike 신과 같은

manlike manlike

godlike godlike

Direction (방향)의 뜻이 있는 것 : -ern, -wards   western 서쪽의 / eastern 동쪽의

western western

eastern eastern

downwards 아래쪽으로 / forwards 전방에

downwards downwards

forwards forwards

Part 2

5 형식편

제 1 장
1형식

1. 주어+동사
2. 주어+동사+부사(구)/주어+부사+동사
3. 주어+동사+전치사구
4. 주어 + 동사구(동사+부사) + 전치사구

001 내가 까먹었네.
주어 + 동사

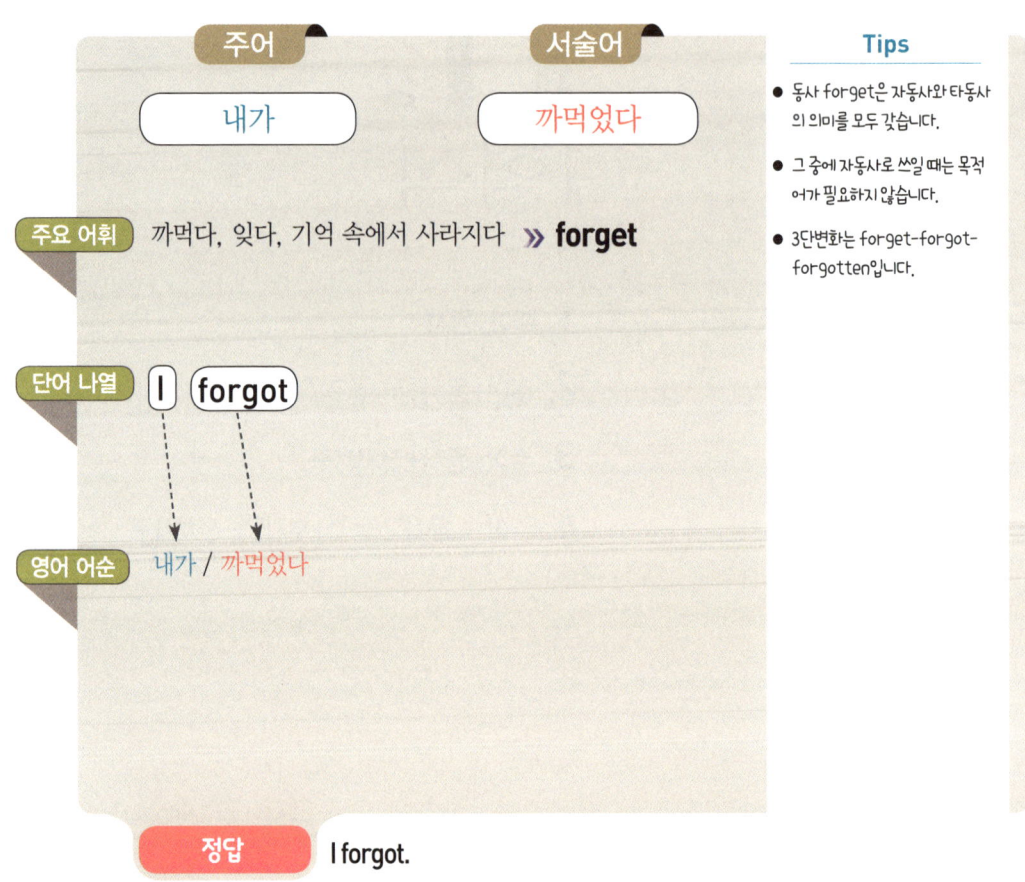

필기체로 영작하기

I forgot.
I forgot.
I forgot.

002 그녀는 전화하지 않았다.

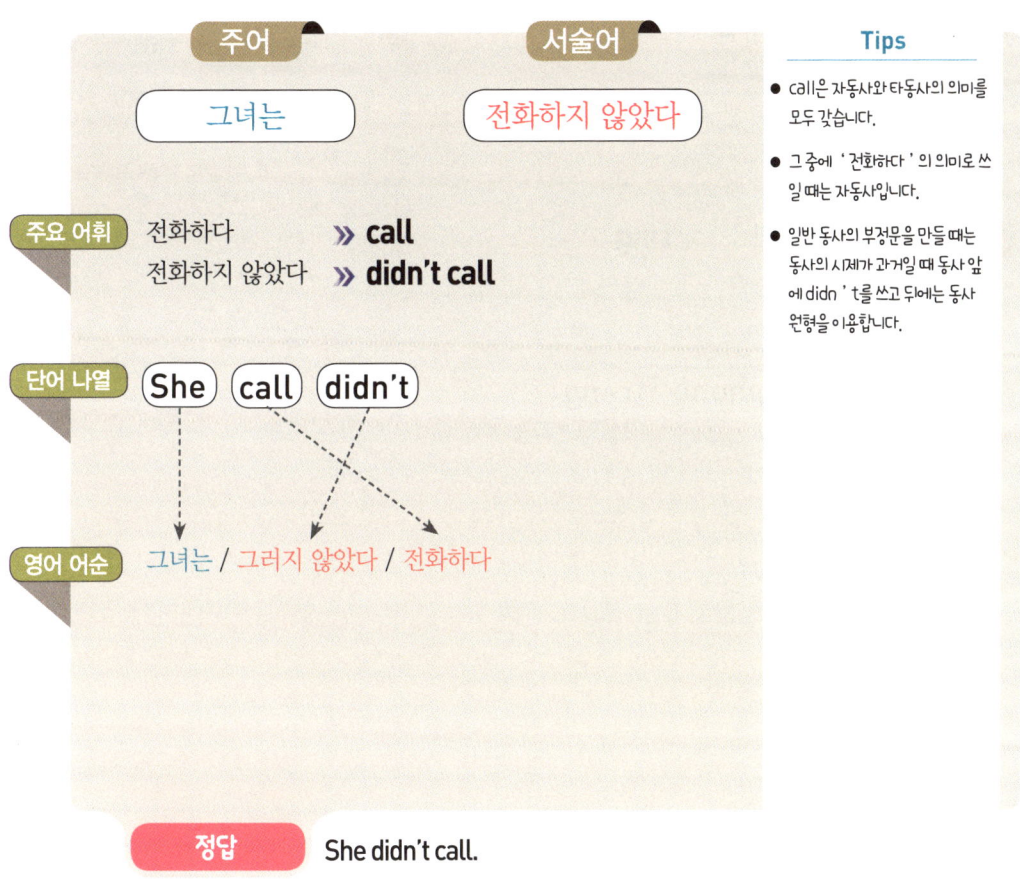

Tips
- call은 자동사와 타동사의 의미를 모두 갖습니다.
- 그 중에 '전화하다'의 의미로 쓸 때는 자동사입니다.
- 일반 동사의 부정문을 만들 때는 동사의 시제가 과거일 때 동사 앞에 didn't를 쓰고 뒤에는 동사원형을 이용합니다.

정답 She didn't call.

필기체로 영작하기

She didn't call.
She didn't call.
She didn't call.

003 그의 휴대전화가 울렸다.

정답 His cellphone rang.

필기체로 영작하기

His cellphone rang.
His cellphone rang.
His cellphone rang.

004 그 거대한 탑이 흔들렸다.

정답 The huge tower swayed.

필기체로 영작하기

The huge tower swayed.
The huge tower swayed.
The huge tower swayed.

005 주어 + 동사

그 대화가 끝났다.

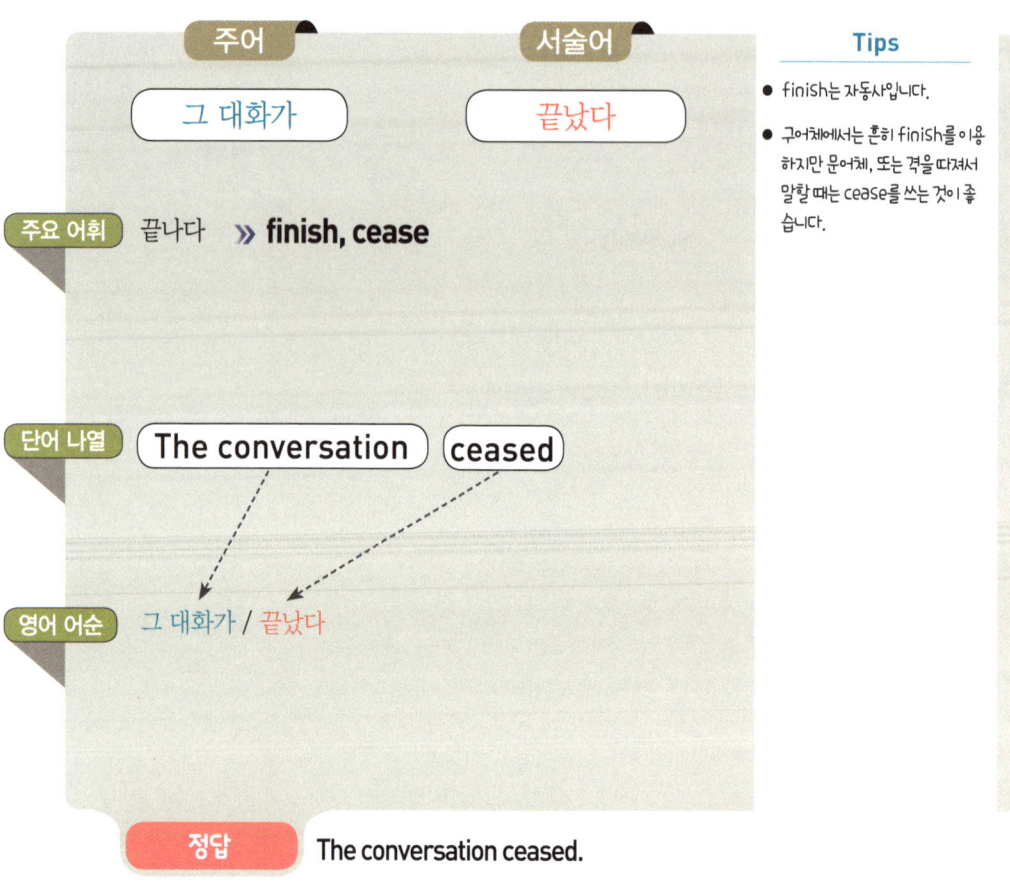

필기체로 영작하기

The conversation ceased.

The conversation ceased.

The conversation ceased.

006 나는 더 이상 관심 없어.

주어 + 동사 + 부사(구) / 주어 + 부사 + 동사

Tips
- care는 자동사입니다.
- 부사가 동사를 수식할 때는 보통 동사의 앞이나 뒤에서 그 역할을 합니다.
- 부사 anymore는 의미상 보통 동사의 뒤에 자리합니다.

정답 I don't care anymore.

필기체로 영작하기

I don't care anymore.
I don't care anymore.
I don't care anymore.

007 그 건물은 갑자기 폭발했다.

주어 + 동사 + 부사(구) / 주어 + 부사 + 동사

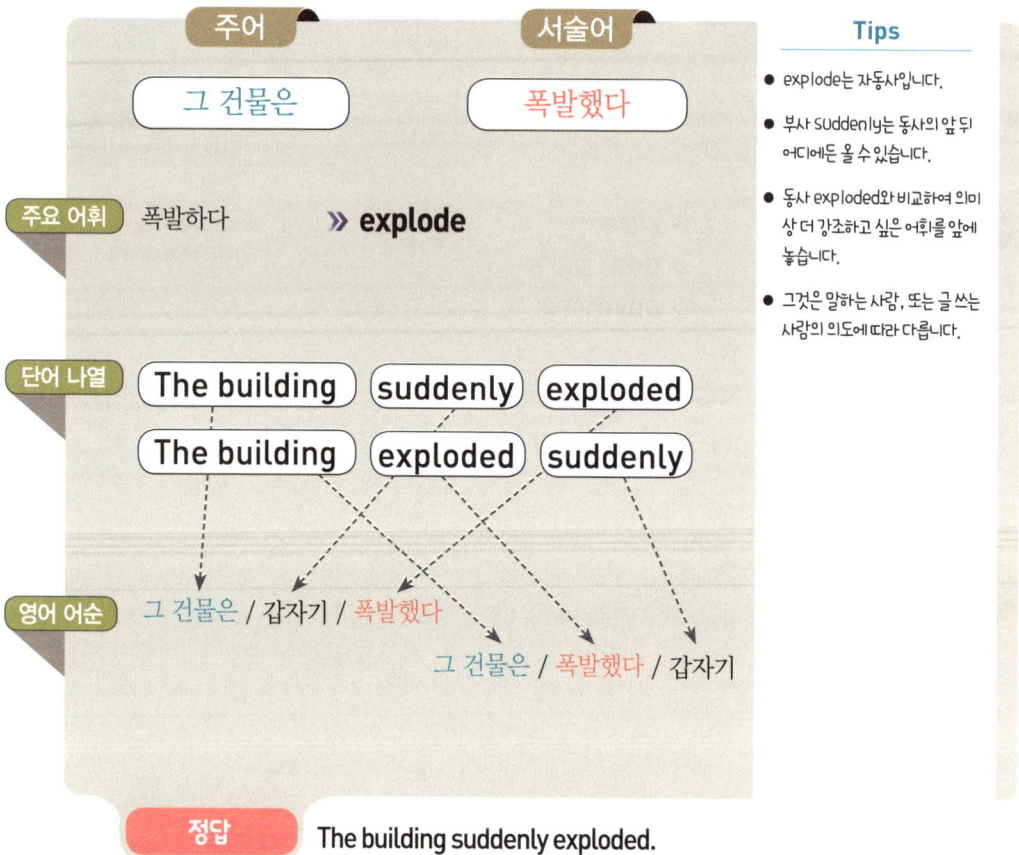

Tips
- explode는 자동사입니다.
- 부사 suddenly는 동사의 앞뒤 어디에든 올 수 있습니다.
- 동사 exploded와 비교하여 의미상 더 강조하고 싶은 어휘를 앞에 놓습니다.
- 그것은 말하는 사람, 또는 글 쓰는 사람의 의도에 따라 다릅니다.

정답 The building suddenly exploded.

필기체로 영작하기

The building suddenly exploded.
The building suddenly exploded.
The building suddenly exploded.

주어 + 동사 + 부사(구) / 주어 + 부사 + 동사

008 그는 힘차게 걸었다.

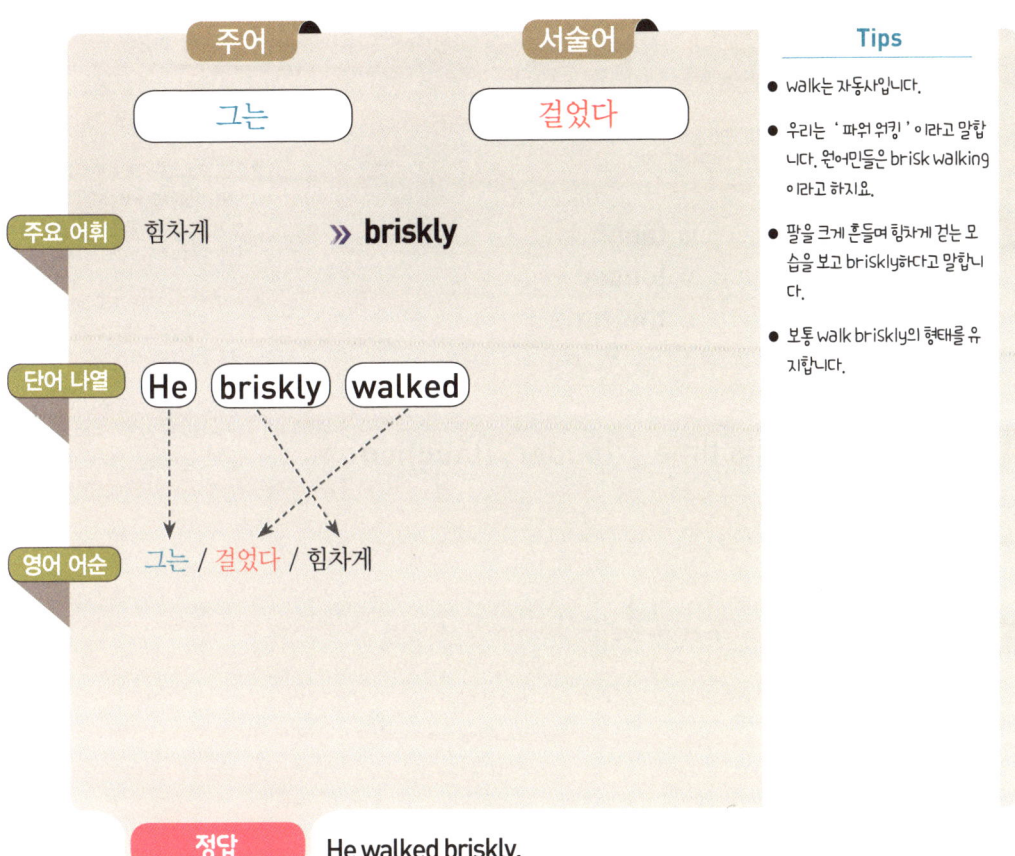

Tips
- walk는 자동사입니다.
- 우리는 '파워 워킹'이라고 말합니다. 원어민들은 brisk walking 이라고 하지요.
- 팔을 크게 흔들며 힘차게 걷는 모습을 보고 briskly하다고 말합니다.
- 보통 walk briskly의 형태를 유지합니다.

정답 He walked briskly.

필기체로 영작하기

He walked briskly.
He walked briskly.
He walked briskly.

009 주어 + 동사 + 부사(구) / 주어 + 부사 + 동사

그녀는 이번에는 더 큰 소리로 웃었다.

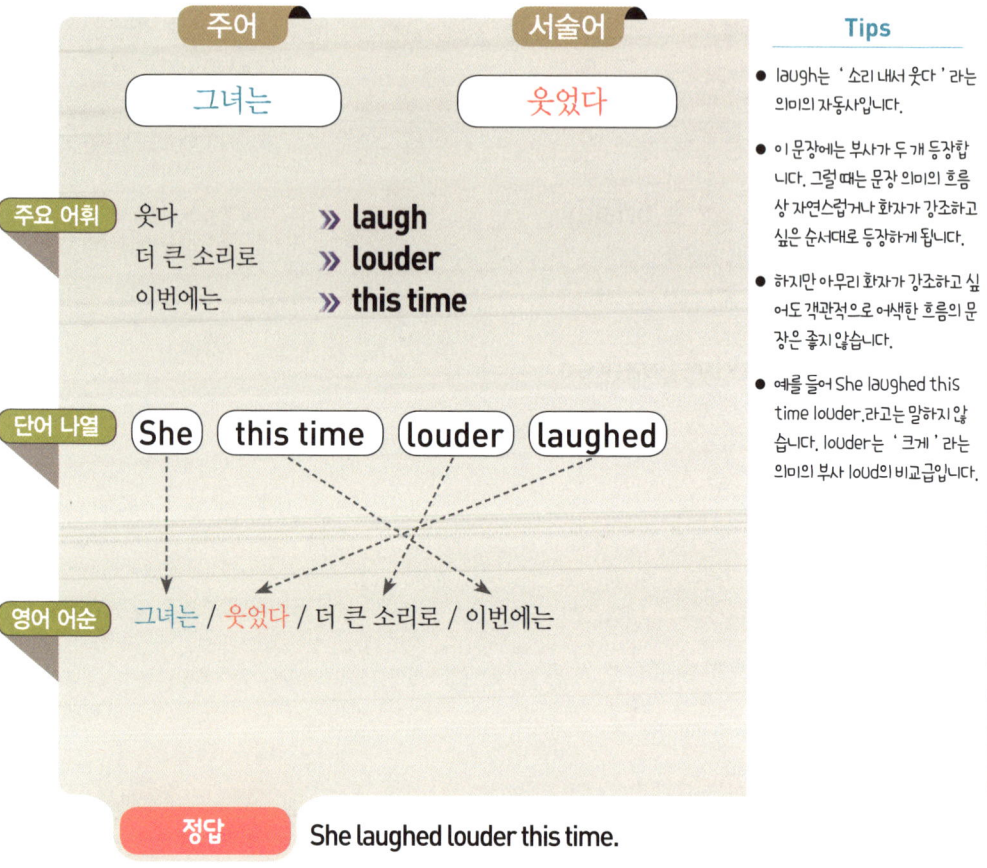

정답 She laughed louder this time.

필기체로 영작하기

She laughed louder this time.
She laughed louder this time.
She laughed louder this time.

주어 + 동사 + 부사(구) / 주어 + 부사 + 동사

010 그는 살짝 미소를 지었다.

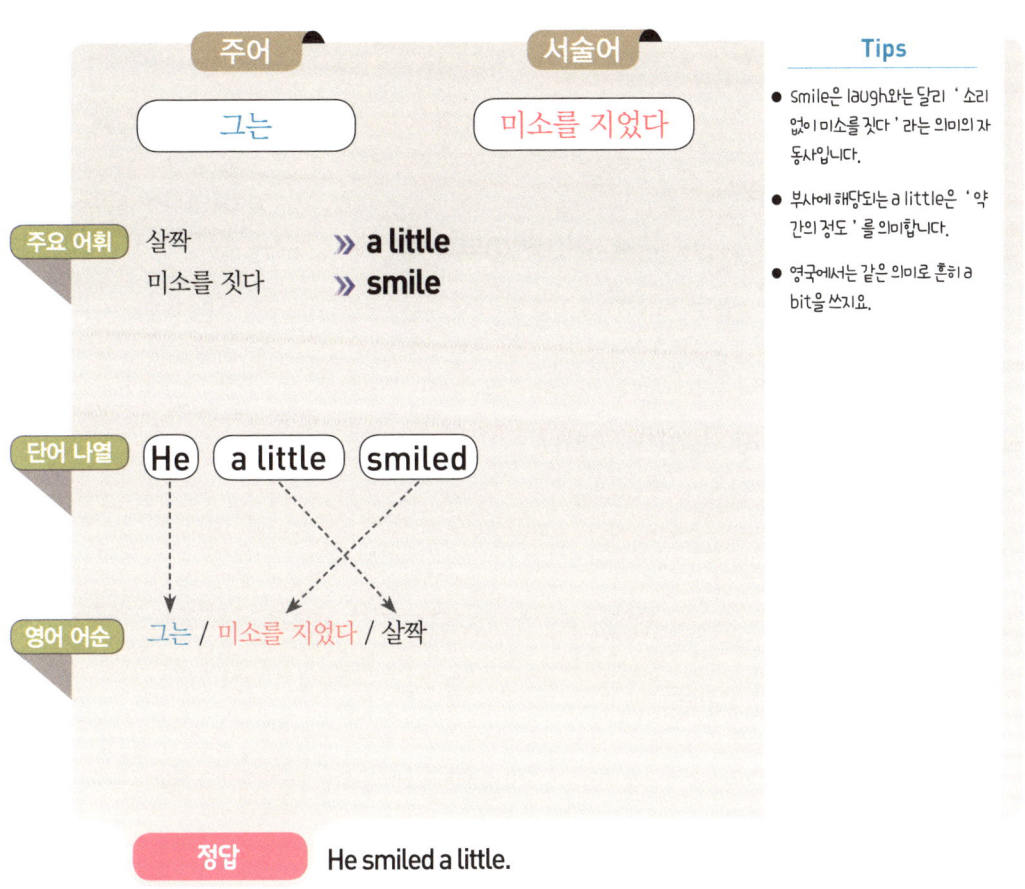

Tips
- smile은 laugh와는 달리 '소리 없이 미소를 짓다'라는 의미의 자동사입니다.
- 부사에 해당되는 a little은 '약간의 정도'를 의미합니다.
- 영국에서는 같은 의미로 흔히 a bit을 쓰지요.

정답 He smiled a little.

필기체로 영작하기

He smiled a little.

He smiled a little.

He smiled a little.

011 주어 + 동사 + 전치사구

그건 제가 처리할 수 있습니다.

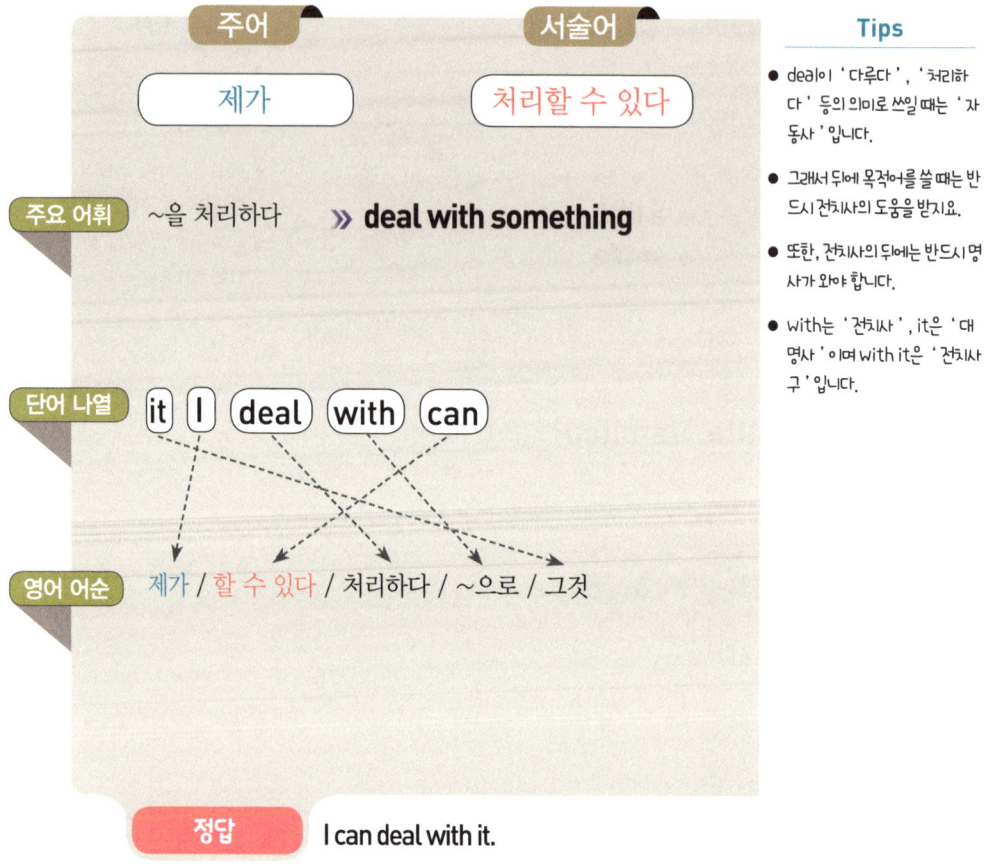

정답: I can deal with it.

필기체로 영작하기

I can deal with it.
I can deal with it.
I can deal with it.

012 주어 + 동사 + 전치사구

그는 낮 12시까지 잤다.

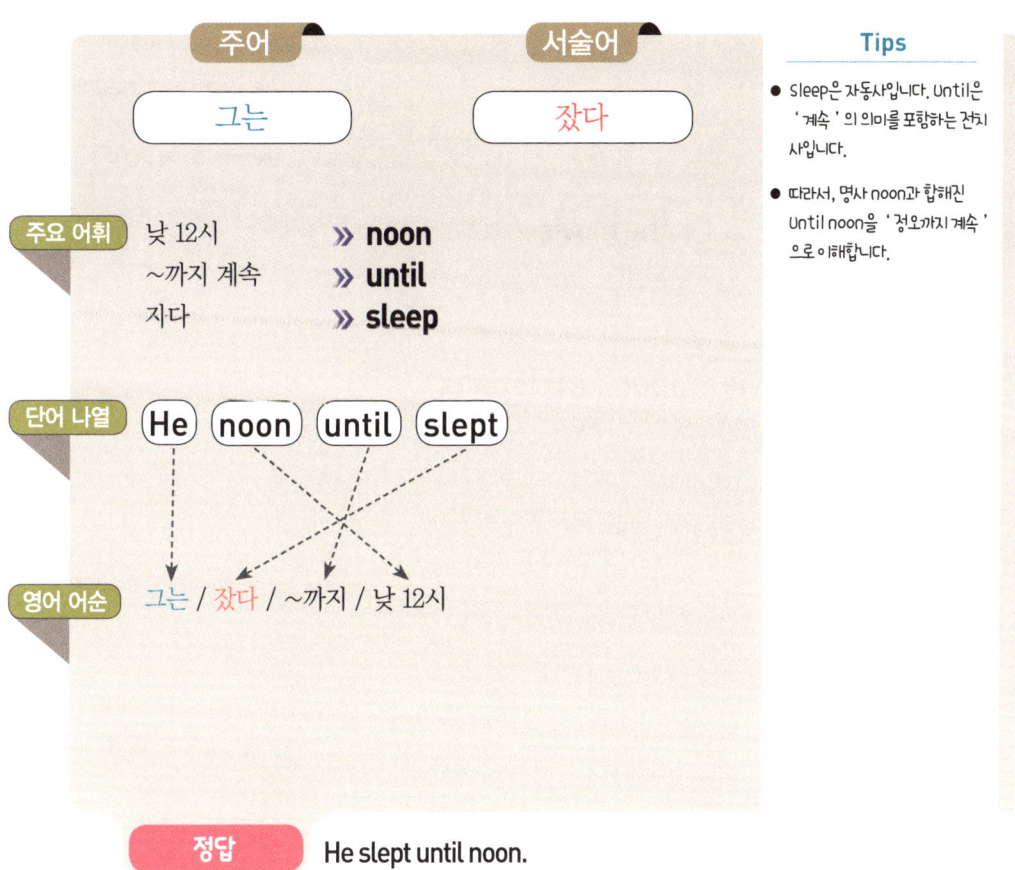

정답 He slept until noon.

필기체로 영작하기

He slept until noon.
He slept until noon.
He slept until noon.

013 — 주어 + 동사 + 전치사구

그 영화는 4시에 시작한다.

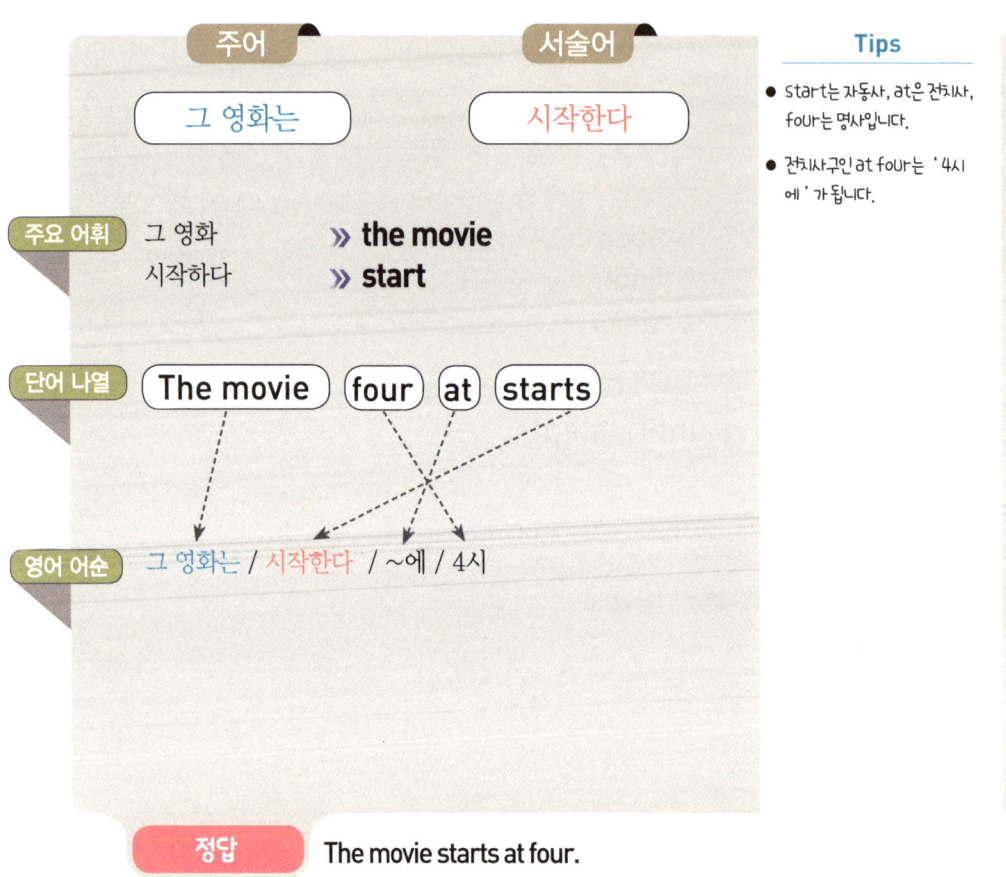

정답 The movie starts at four.

필기체로 영작하기

The movie starts at four.
The movie starts at four.
The movie starts at four.

주어 + 동사 + 전치사구

014 그들은 한참동안 대화를 했다.

Tips
- talk는 '대화하다'의 의미를 갖는 자동사입니다.
- 전치사 for는 '~동안'의 의미이며 a long time은 '오랜 시간'입니다.
- for a long time은 '전치사구'입니다.

정답 They talked for a long time.

필기체로 영작하기

They talked for a long time.
They talked for a long time.
They talked for a long time.

015 그것은 상황에 달려 있다.

주어 + 동사 + 전치사구

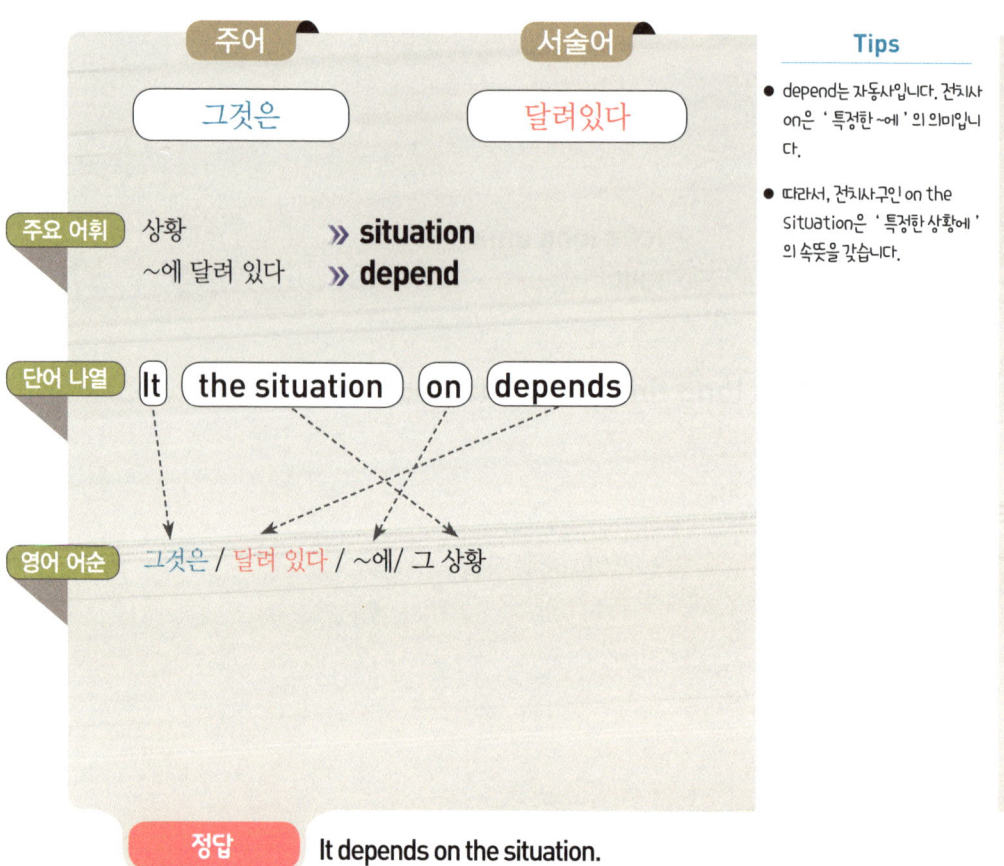

Tips
- depend는 자동사입니다. 전치사 on은 '특정한 ~에'의 의미입니다.
- 따라서, 전치사구인 on the situation은 '특정한 상황에'의 속뜻을 갖습니다.

정답 It depends on the situation.

필기체로 영작하기

It depends on the situation.

It depends on the situation.

It depends on the situation.

016 주어 + 동사구(동사+부사) + 전치사구

그는 천정을 올려다 보았다.

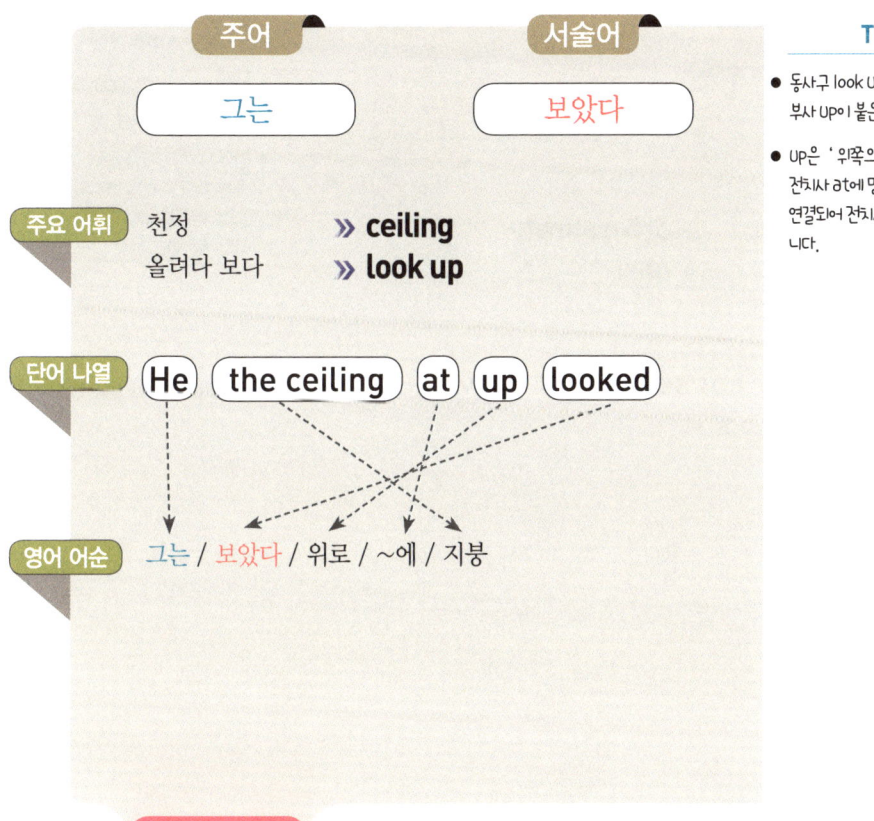

Tips
- 동사구 look up은 자동사 look에 부사 up이 붙은 경우입니다.
- up은 '위쪽으로'의 의미입니다. 전치사 at에 명사 the ceiling이 연결되어 전치사구가 만들어졌습니다.

정답 He looked up at the ceiling.

필기체로 영작하기

He looked up at the ceiling.
He looked up at the ceiling.
He looked up at the ceiling.

017 주어 + 동사구(동사+부사) + 전치사구

그는 그녀의 집을 지나서 천천히 운전했다.

He drove slowly past her house.

필기체로 영작하기

He drove slowly past her house.
He drove slowly past her house.
He drove slowly past her house.

018 주어 + 동사구(동사+부사) + 전치사구

나는 회사에 다시 들어가봐야 돼.

정답 I should go back to work.

필기체로 영작하기

I should go back to work.
I should go back to work.
I should go back to work.

019 그녀는 창문으로 걸어 넘어갔다.

주어 + 동사구(동사+부사) + 전치사구

정답 She walked over to the window.

필기체로 영작하기

She walked over to the window.
She walked over to the window.
She walked over to the window.

020 주어 + 동사구(동사+부사) + 전치사구

그녀는 인도 위에 앉았다.

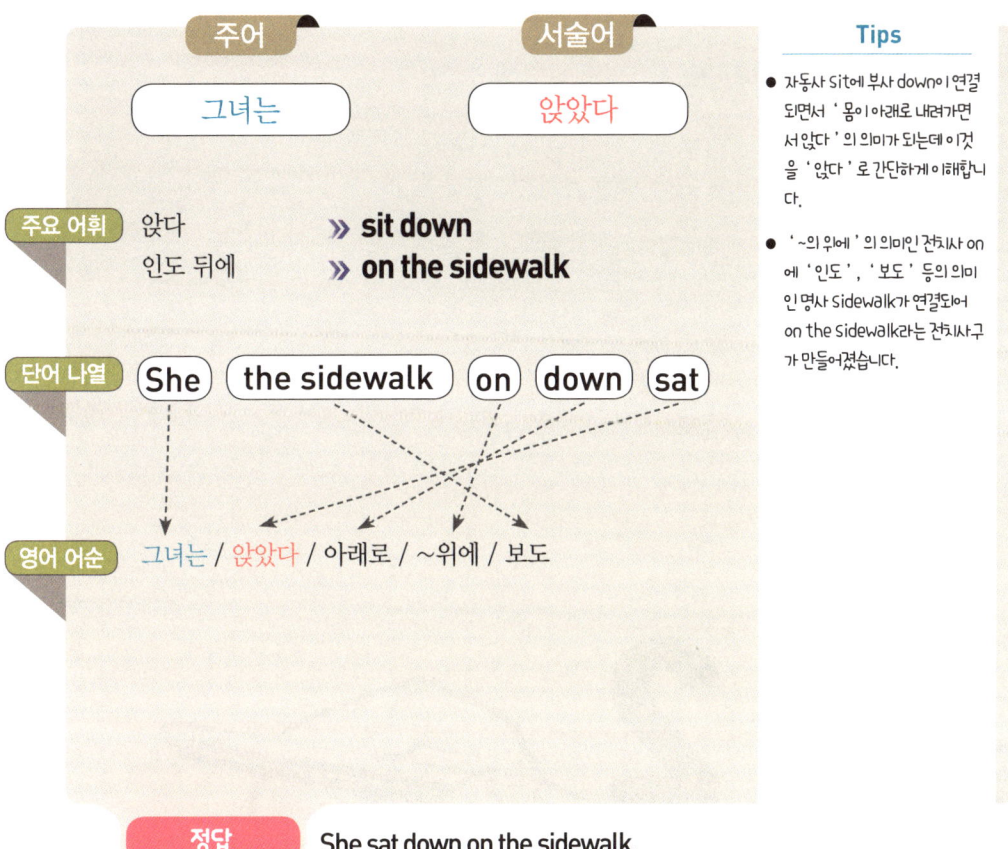

정답 She sat down on the sidewalk.

필기체로 영작하기

She sat down on the sidewalk.
She sat down on the sidewalk.
She sat down on the sidewalk.

Part 2

5 형식편

제 2 장
2형식

1. 주어 + be 동사 + 형용사
2. 주어 + be 동사 + 형용사 + to 부정사
3. 주어 + be 동사 + 형용사 + 전치사구
4. 주어 + be 동사 + 명사
5. 주어 + 감각동사 + 형용사

021 주어 + be 동사 + 형용사

너는 구제불능이야.

정답 You are hopeless.

필기체로 영작하기

You are hopeless.
You are hopeless.
You are hopeless.

022 주어 + be 동사 + 형용사

이것은 부당하다.

정답 This is unfair.

필기체로 영작하기

This is unfair.
This is unfair.
This is unfair.

023 나 지금 진지하다.

주어 + be 동사 + 형용사

정답 I am serious.

필기체로 영작하기

I am serious.
I am serious.
I am serious.

024 주어 + be 동사 + 형용사 + to 부정사

나는 너를 만나게 되어서 정말 기쁘다.

정답 I am glad to see you.

필기체로 영작하기

I am glad to see you.
I am glad to see you.
I am glad to see you.

025 내가 그 말을 듣게 되니 안타깝다.

주어 + be 동사 + 형용사 + to 부정사

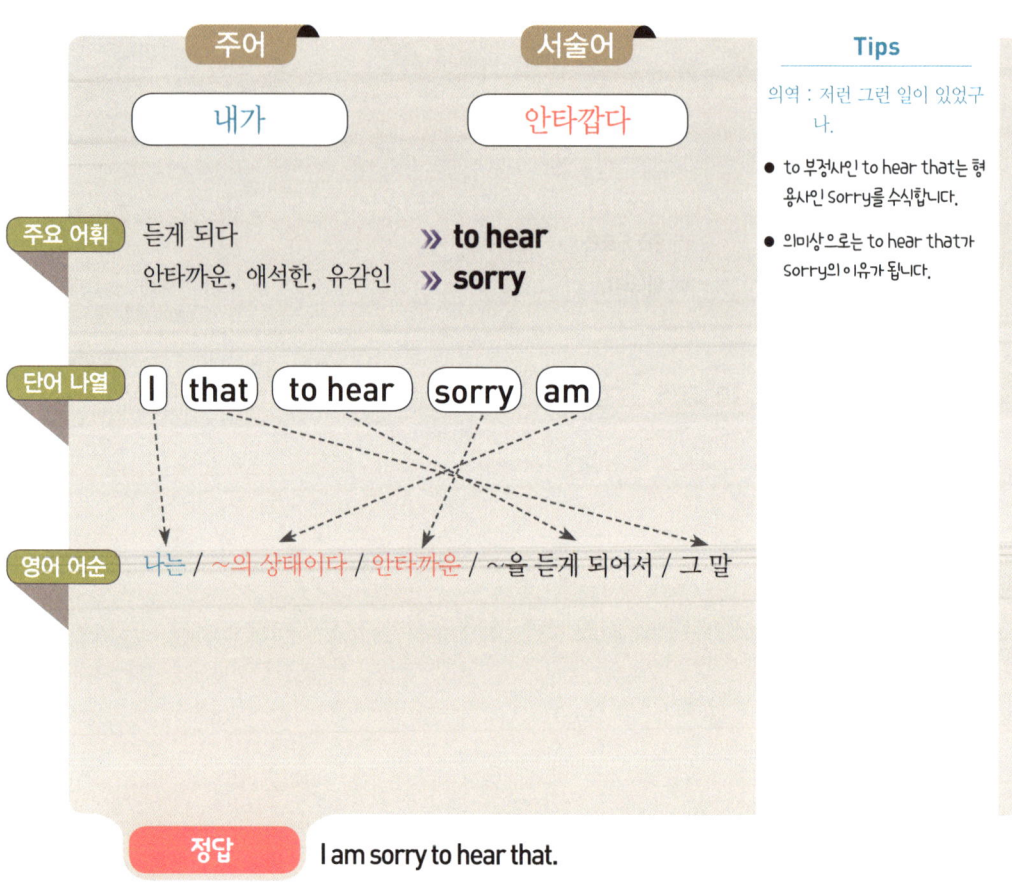

정답 I am sorry to hear that.

필기체로 영작하기

I am sorry to hear that.
I am sorry to hear that.
I am sorry to hear that.

026 주어 + be 동사 + 형용사 + to 부정사

그는 그녀로부터 연락을 받게 되어서 행복했다.

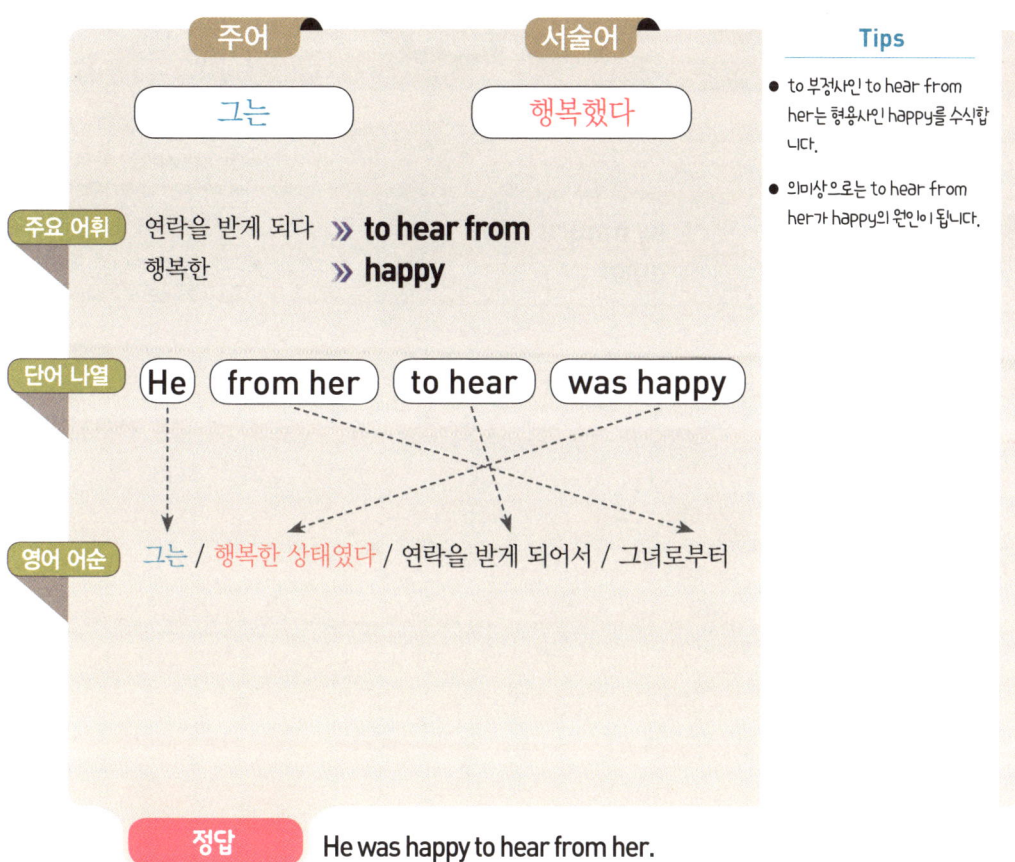

정답 He was happy to hear from her.

Tips
- to 부정사인 to hear from her는 형용사인 happy를 수식합니다.
- 의미상으로는 to hear from her가 happy의 원인이 됩니다.

필기체로 영작하기

He was happy to hear from her.
He was happy to hear from her.
He was happy to hear from her.

027 그는 선천적으로 말이 없다.

주어 + be 동사 + 형용사 + 전치사구

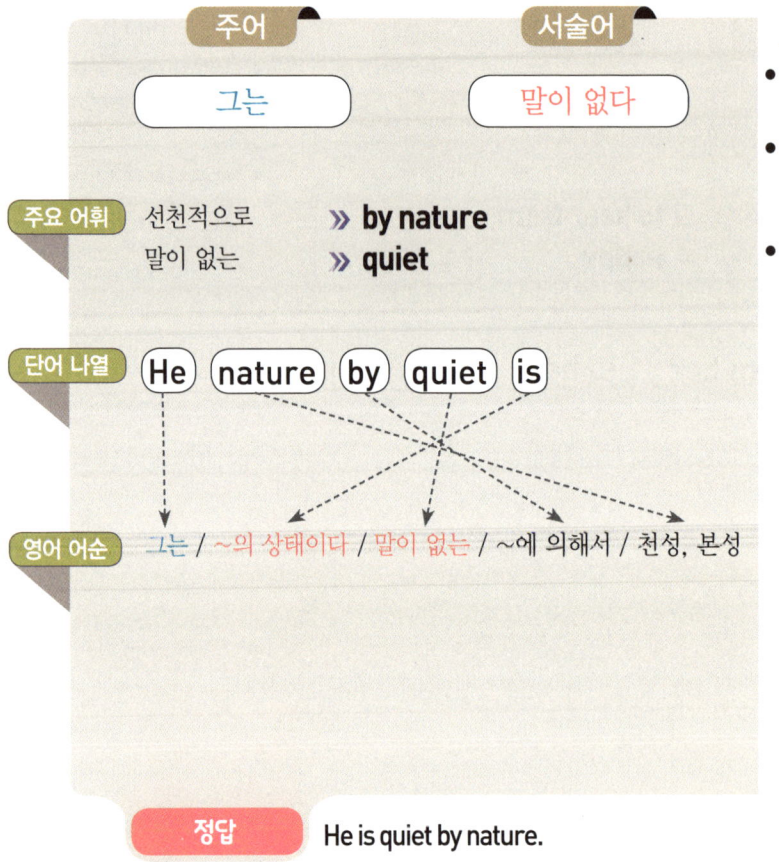

정답 He is quiet by nature.

필기체로 영작하기

He is quiet by nature.
He is quiet by nature.
He is quiet by nature.

028 내가 너에게 솔직하게 말할 것이다.

주어 + be 동사 + 형용사 + 전치사구

정답 I will be honest with you.

필기체로 영작하기

I will be honest with you.
I will be honest with you.
I will be honest with you.

029 주어 + be 동사 + 형용사 + 전치사구
나는 그것에 관해서는 확신해.

Tips
- 형용사 sure를 전치사구 about that이 수식하는 형태입니다.

정답 I am sure about that.

필기체로 영작하기
I am sure about that.
I am sure about that.
I am sure about that.

030 주어 + be 동사 + 형용사 + 전치사구

그 병원은 유령 도시처럼 조용하다.

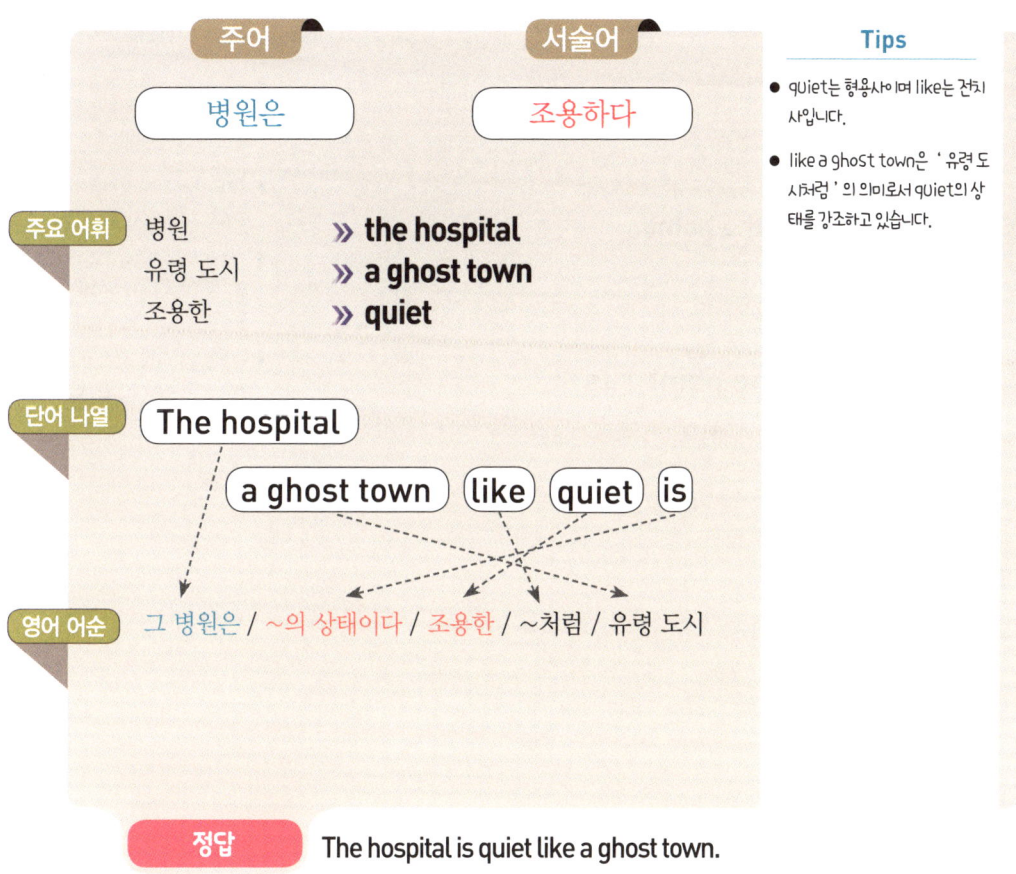

정답 The hospital is quiet like a ghost town.

필기체로 영작하기

The hospital is quiet like a ghost town.
The hospital is quiet like a ghost town.
The hospital is quiet like a ghost town.

031 주어 + be 동사 + 명사

그게 요점이다.

Tips
- 주격 보어로 '명사'가 올 때는 주어와 보어가 동일한 인물이나 사물, 또는 상태입니다.
- 주어와 보어의 위치를 서로 바꾸어도 전혀 지장이 없지요.
- '말이나 행동의 핵심, 또는 요점'의 의미로 the point를 이용합니다.
- 이 문장을 The point is that.이라고 바꾸어 말할 수 있습니다.

정답: That is the point.

필기체로 영작하기

That is the point.

That is the point.

That is the point.

032 주어 + be 동사 + 명사

그건 다른 이야기이다.

Tips
- 지금 진행 되고 있는 이야기와는 다른 엉뚱한 이야기를 a different story라고 합니다.
- 명사 story를 형용사 different가 꾸며주고 있는 경우라서 a different story를 한 덩어리로 봅니다.

정답: It is a different story.

필기체로 영작하기

It is a different story.
It is a different story.
It is a different story.

033 그는 대단한 사람이다.

주어 + be 동사 + 명사

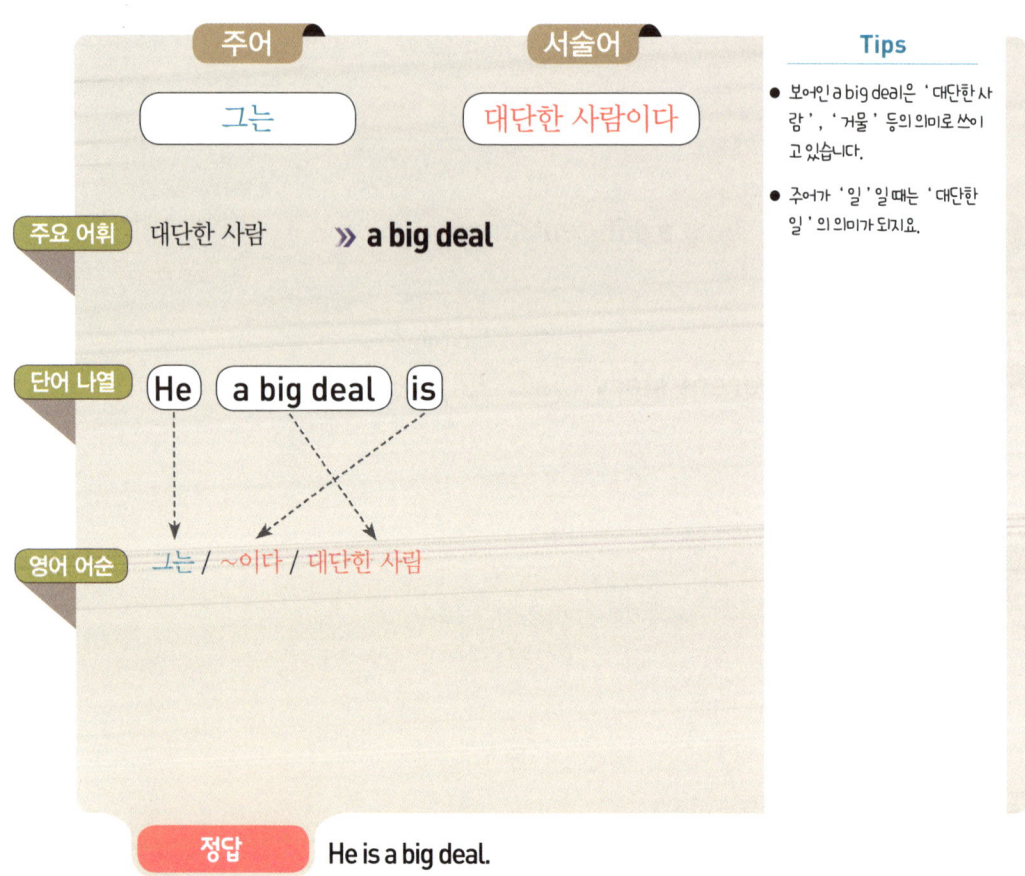

Tips
- 보어인 a big deal은 '대단한 사람', '거물' 등의 의미로 쓰이고 있습니다.
- 주어가 '일'일 때는 '대단한 일'의 의미가 되지요.

정답 He is a big deal.

필기체로 영작하기

He is a big deal.
He is a big deal.
He is a big deal.

034 그것은 네 인생이다.

주어 + be 동사 + 명사

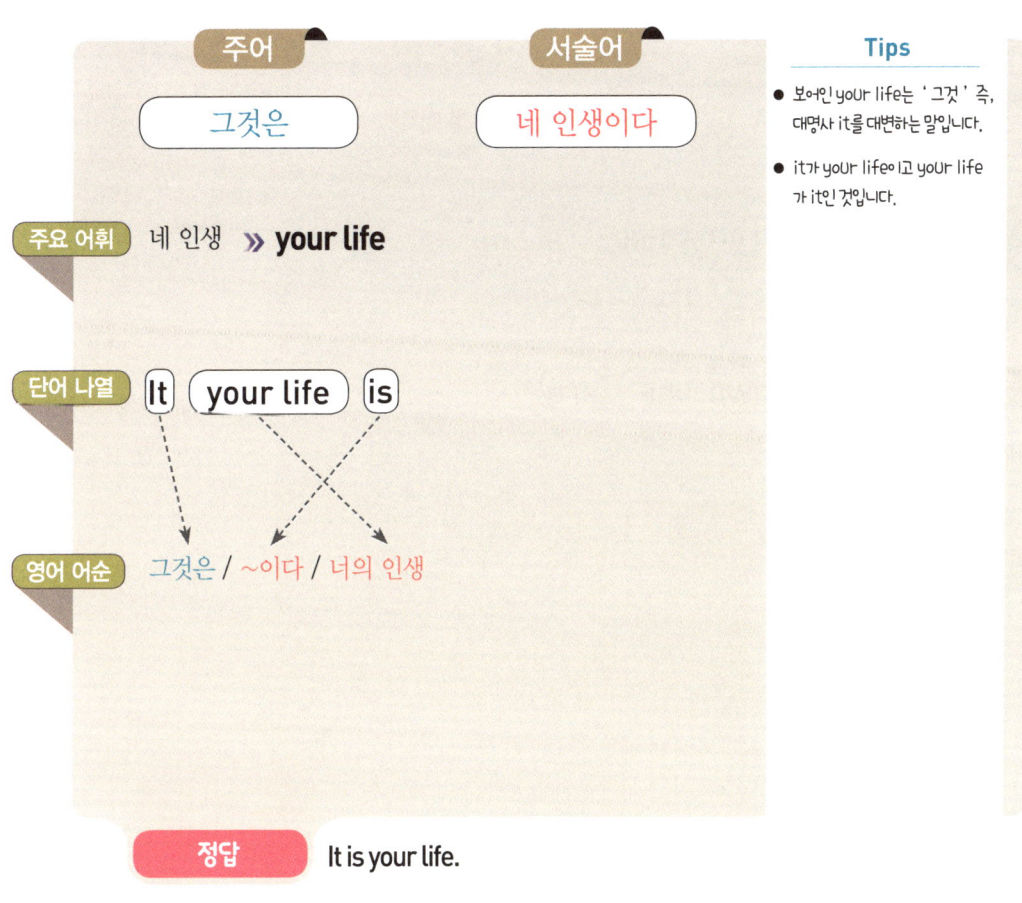

Tips
- 보어인 your life는 '그것' 즉, 대명사 it를 대변하는 말입니다.
- it가 your life이고 your life가 it인 것입니다.

정답 It is your life.

필기체로 영작하기

It is your life.
It is your life.
It is your life.

035 우리는 성인들입니다.

주어 + be 동사 + 명사

정답 We are grown-ups.

필기체로 영작하기

We are grown-ups.
We are grown-ups.
We are grown-ups.

036 주어 + 감각 동사 + 형용사

그는 걱정스러운 목소리였다.

주어: 그는
서술어: 목소리였다

주요 어휘
걱정스러운 » **worried**
~한 목소리이다 » **sound**

단어 나열
He / worried / sounded

영어 어순
그는 / 목소리였다 / 걱정스러운

Tips
- 불완전 자동사 sound 뒤에 형용사 worried가 나와서 문장이 완성되는 경우입니다.
- sound는 누군가의 목소리를 듣고 그 목소리가 '~하게 들리다'의 의미를 전합니다.
- 그래서 '(~한) 목소리이다'로 이해합니다.

정답 He sounded worried.

필기체로 영작하기

He sounded worried.
He sounded worried.
He sounded worried.

037 그녀는 어리둥절한 표정이었다.

주어 + 감각 동사 + 형용사

정답 She looked puzzled.

필기체로 영작하기

She looked puzzled.
She looked puzzled.
She looked puzzled.

038 주어 + 감각 동사 + 형용사

너의 와플은 맛이 좋다.

정답 Your waffle tastes good.

필기체로 영작하기

Your waffle tastes good.
Your waffle tastes good.
Your waffle tastes good.

039 주어 + 감각 동사 + 형용사

그 향수는 좋은 냄새가 난다.

정답 The perfume smells good.

필기체로 영작하기

The perfume smells good.
The perfume smells good.
The perfume smells good.

040 나는 부담을 느꼈다.

주어 + 감각 동사 + 형용사

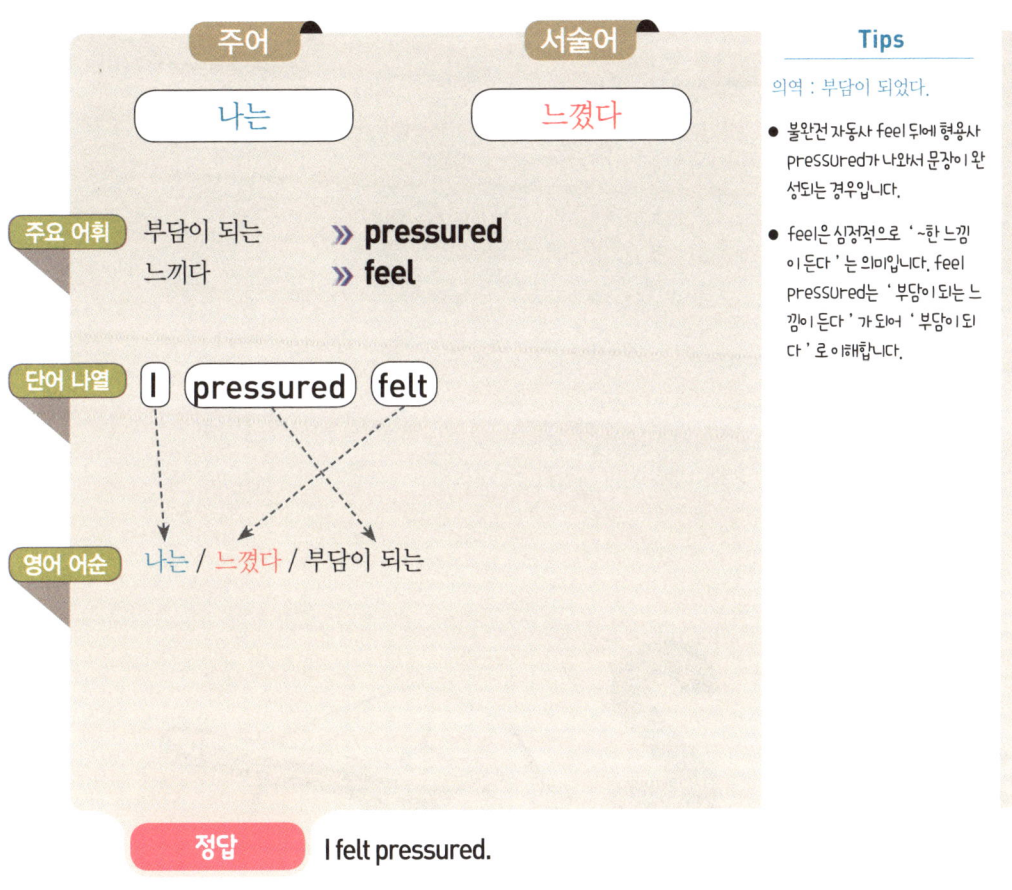

Tips

의역 : 부담이 되었다.

- 불완전자동사 feel 뒤에 형용사 pressured가 나와서 문장이 완성되는 경우입니다.
- feel은 심정적으로 '~한 느낌이 든다'는 의미입니다. feel pressured는 '부담이 되는 느낌이 든다'가 되어 '부담이 되다'로 이해합니다.

정답 I felt pressured.

필기체로 영작하기

I felt pressured.
I felt pressured.
I felt pressured.

Part 2

5 형식편

제 3 장
3형식

1. 주어 + 동사 + 목적어
2. 주어 + 동사 + 목적어 + 부사/전치사구
3. 주어 + 동사 + to 부정사
4. 주어 + 동사 + 동명사

041 주어 + 동사 + 목적어

그는 휴게실(라운지)로 들어갔다.

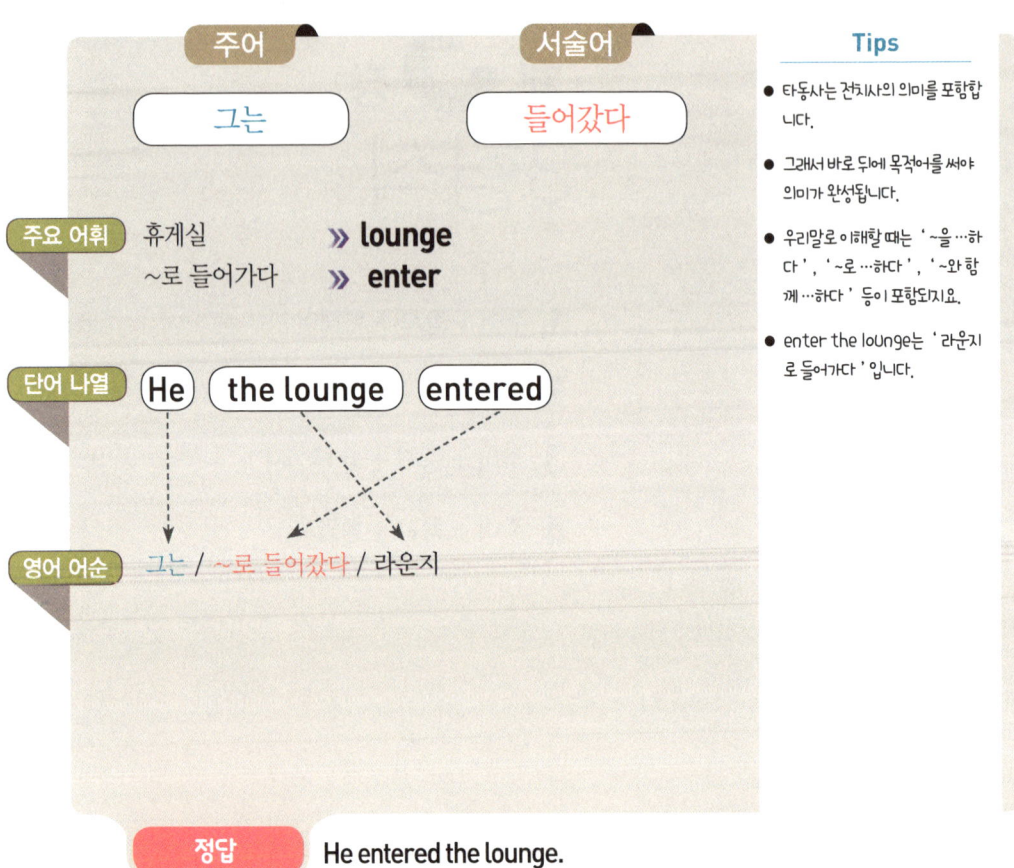

Tips
- 타동사는 전치사의 의미를 포함합니다.
- 그래서 바로 뒤에 목적어를 써야 의미가 완성됩니다.
- 우리말로 이해할 때는 '~을 …하다', '~로 …하다', '~와 함께 …하다' 등이 포함되지요.
- enter the lounge는 '라운지로 들어가다' 입니다.

정답 He entered the lounge.

필기체로 영작하기

He entered the lounge.
He entered the lounge.
He entered the lounge.

042 그는 자기 생각을 바꾸었다.
주어 + 동사 + 목적어

Tips
- 타동사 change입니다. 명사 mind는 '생각'을 뜻합니다.
- 그래서 '생각을 바꾸다'는 change one's mind가 되지요.

정답 He changed his mind.

필기체로 영작하기

He changed his mind.
He changed his mind.
He changed his mind.

043 주어 + 동사 + 목적어

그것은 용기를 필요로 한다.

정답 That takes courage.

필기체로 영작하기

That takes courage.
That takes courage.
That takes courage.

044 주어 + 동사 + 목적어

너는 그런 대우를 받아야 마땅하다.

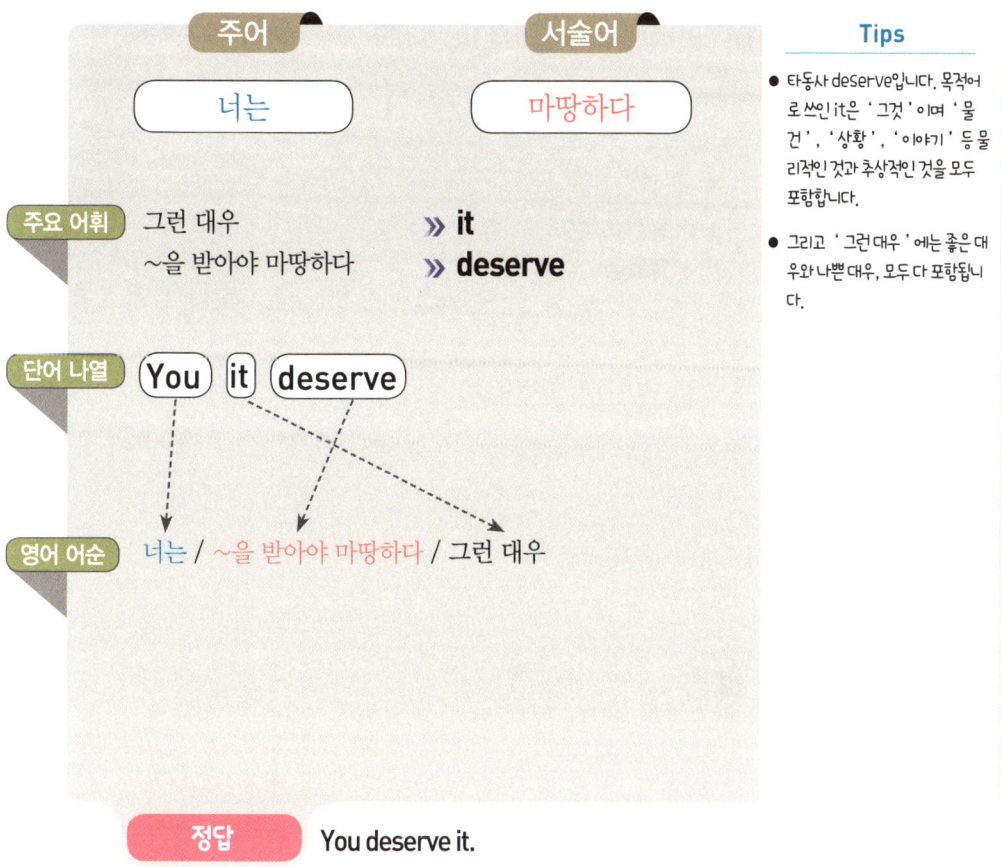

정답 You deserve it.

필기체로 영작하기

You deserve it.
You deserve it.
You deserve it.

045 주어 + 동사 + 목적어

나는 선택권을 갖지 못했다.

정답 I didn't have a choice.

필기체로 영작하기

I didn't have a choice.
I didn't have a choice.
I didn't have a choice.

046 그는 나를 조용히 지켜봤다.

주어 + 동사 + 목적어 + 부사/전치사구

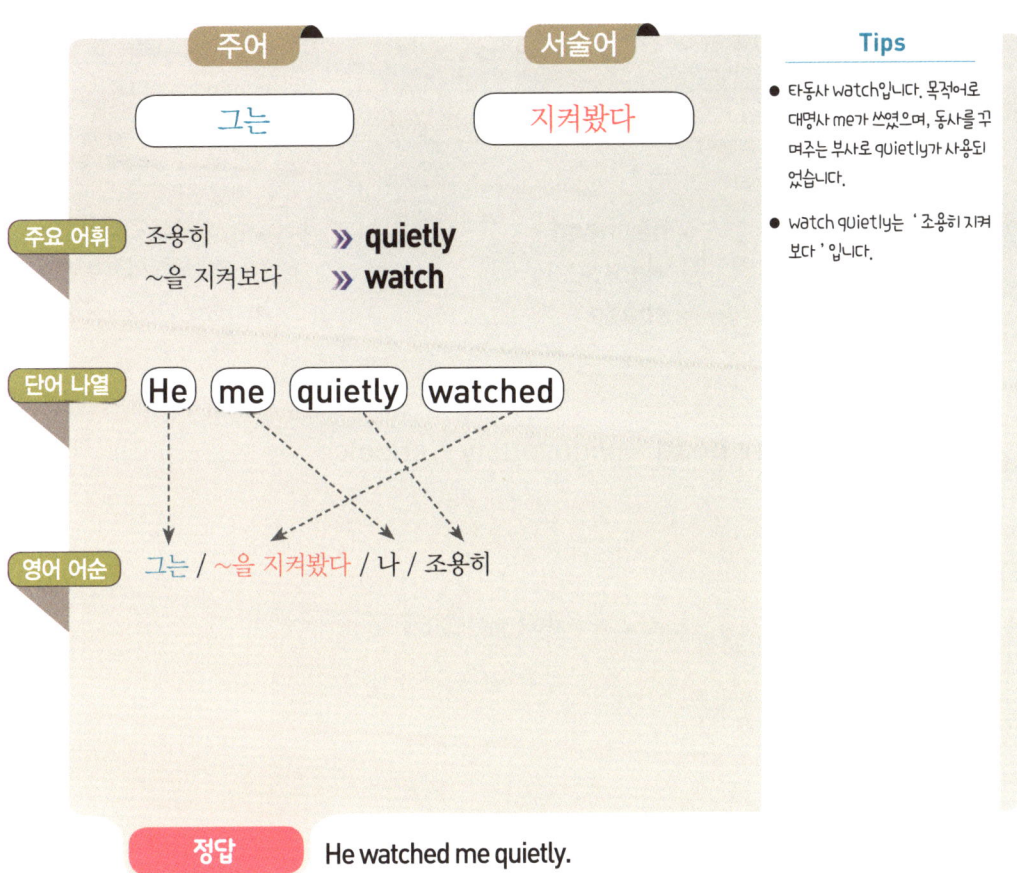

정답 He watched me quietly.

필기체로 영작하기

He watched me quietly.
He watched me quietly.
He watched me quietly.

047
주어 + 동사 + 목적어 + 부사/전치사구

그녀는 자기 고개를 세차게 가로저었다.

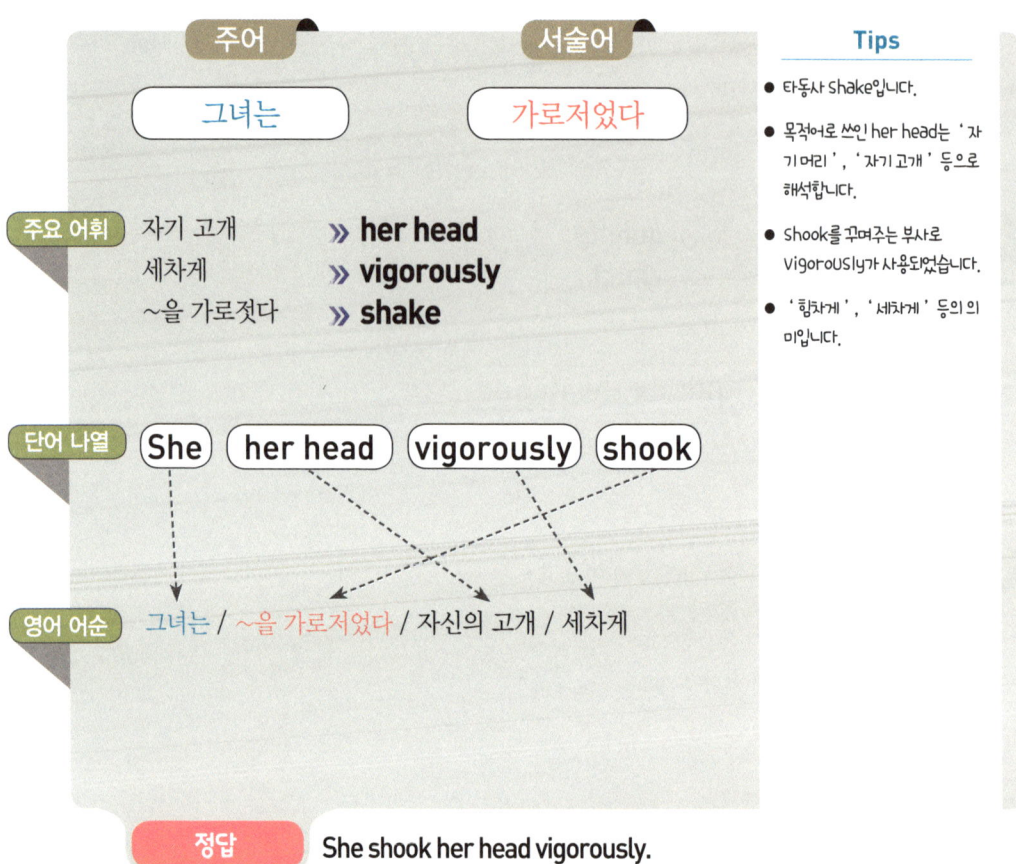

정답 She shook her head vigorously.

필기체로 영작하기

She shook her head vigorously.
She shook her head vigorously.
She shook her head vigorously.

048 주어 + 동사 + 목적어 + 부사/전치사구

그는 그것을 뼈저리게 후회했다.

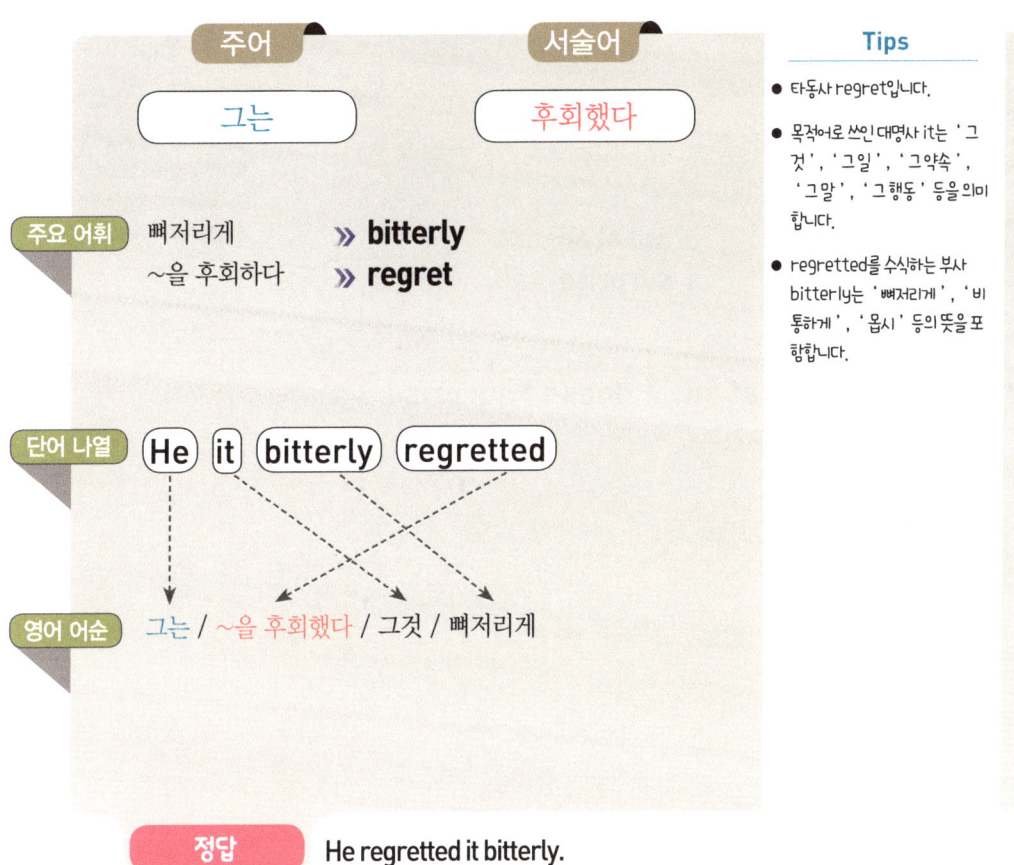

Tips
- 타동사 regret입니다.
- 목적어로 쓰인 대명사 it는 '그것', '그일', '그약속', '그말', '그행동' 등을 의미합니다.
- regretted를 수식하는 부사 bitterly는 '뼈저리게', '비통하게', '몹시' 등의 뜻을 포함합니다.

정답 He regretted it bitterly.

필기체로 영작하기

He regretted it bitterly.
He regretted it bitterly.
He regretted it bitterly.

049 주어 + 동사 + 목적어 + 부사/전치사구
그것은 나를 전혀 놀라게 하지 않는다.

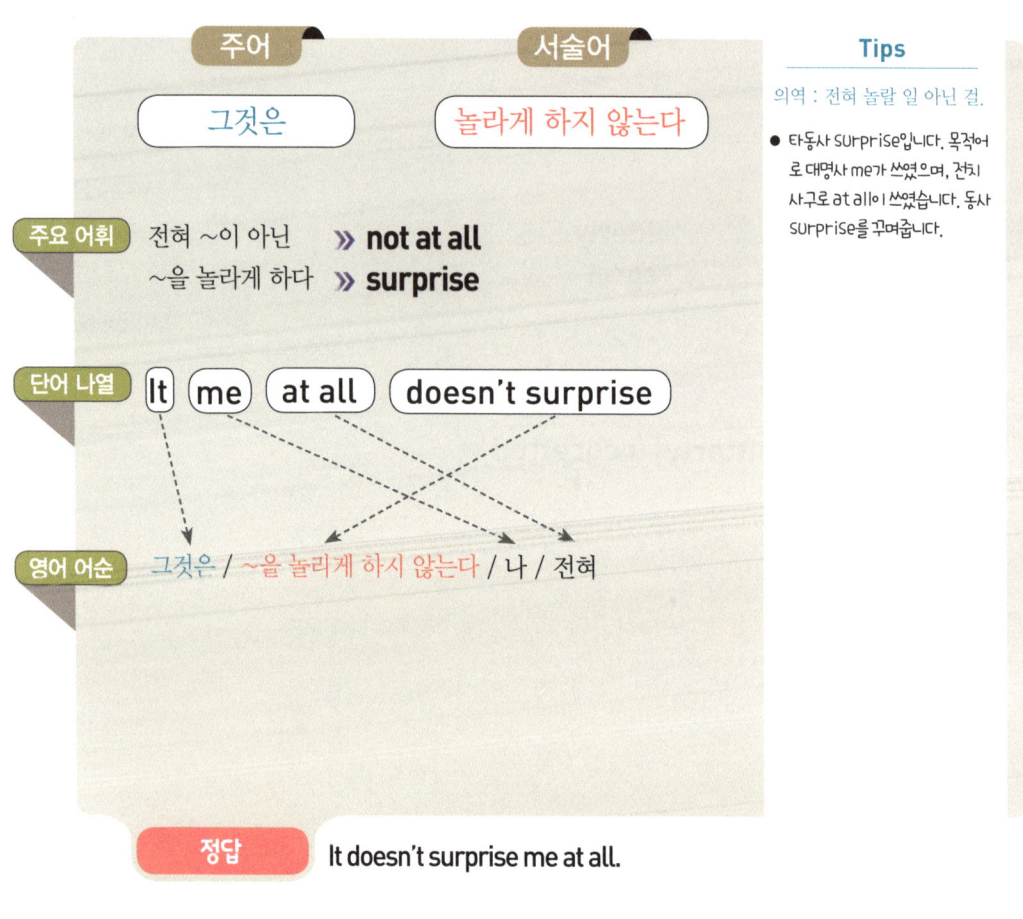

정답 It doesn't surprise me at all.

필기체로 영작하기

It doesn't surprise me at all.

It doesn't surprise me at all.

It doesn't surprise me at all.

050 주어 + 동사 + 목적어 + 부사/전치사구

그는 그 상자들을 그 다락방으로 옮겼다.

정답 He carried the boxes to the attic.

필기체로 영작하기

He carried the boxes to the attic.
He carried the boxes to the attic.
He carried the boxes to the attic.

051 주어 + 동사 + to 부정사

나는 너와 다투는 걸 원하지 않아.

정답 I don't want to argue with you.

필기체로 영작하기

I don't want to argue with you.
I don't want to argue with you.
I don't want to argue with you.

052 나는 화장실에 갈 필요가 있다.

주어 + 동사 + to 부정사

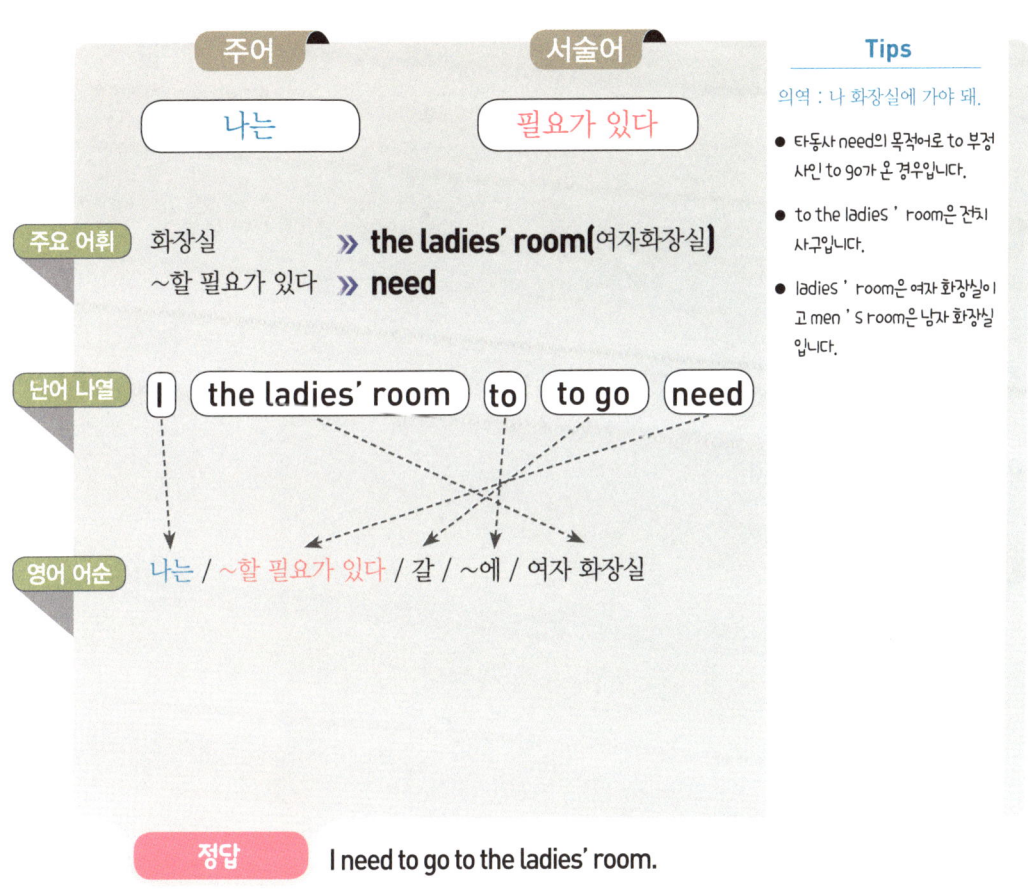

정답 I need to go to the ladies' room.

필기체로 영작하기

I need to go to the ladies' room.
I need to go to the ladies' room.
I need to go to the ladies' room.

053 나는 포기하기로 결정했다.

주어 + 동사 + to 부정사

Tips
- 타동사 decide의 목적어로 to 부정사인 to give up이 온 경우입니다.
- give up은 '하던 일을 포기하다' 입니다.

정답 I decided to give up.

필기체로 영작하기

I decided to give up.

I decided to give up.

I decided to give up.

054 주어 + 동사 + to 부정사
그는 그녀와 그것을 상의하기를 거부했다.

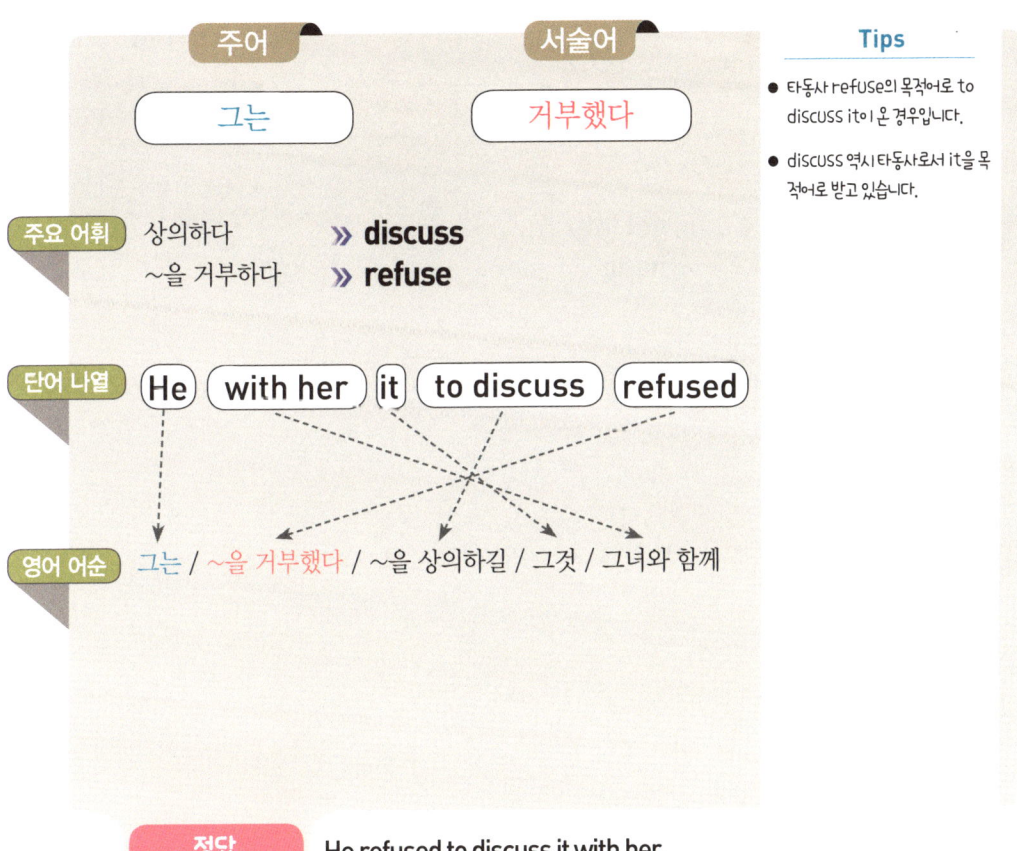

정답 He refused to discuss it with her.

필기체로 영작하기

He refused to discuss it with her.
He refused to discuss it with her.
He refused to discuss it with her.

055 나는 스탠포드에 들어가기를 희망한다.

주어 + 동사 + to 부정사

정답 I hope to get into Stanford.

필기체로 영작하기

I hope to get into Stanford.
I hope to get into Stanford.
I hope to get into Stanford.

056 주어 + 동사 + 동명사

나는 그의 질문에 대답하기를 피했다.

주어: 나는
서술어: 피했다

주요 어휘
- 그의 질문에 대답하다 » answer him
- ~을 피하다 » avoid

단어 나열: I / him / answering / avoided

영어 어순: 나는 / ~을 피했다 / ~에 대답하기 / 그의 질문

Tips
- 타동사 avoid의 목적어로 동명사인 answering him이 온 경우입니다.
- 동명사의 명사적 용법입니다.
- 어떤 행위를 피한다는 것은 그 동작의 진행을 피하는 것이므로 동명사를 목적어로 쓰게 됩니다.

정답: I avoided answering him.

필기체로 영작하기

I avoided answering him.
I avoided answering him.
I avoided answering him.

주어 + 동사 + 동명사

057 그녀는 저녁 만드는 일을 다 끝냈다.

Tips
- 타동사 finish의 목적어로 동명사인 making dinner가 온 경우입니다.
- 뭔가를 끝낸다는 것은 계속 해오던 행위를 끝내는 것이기 때문에 동명사를 목적어로 쓸 수밖에 없습니다.

정답 She finished making dinner.

필기체로 영작하기

She finished making dinner.
She finished making dinner.
She finished making dinner.

058 주어 + 동사 + 동명사

그는 사람들과 대화하는 걸 즐긴다.

Tips
- 타동사 enjoy의 목적어로 동명사인 talking이 온 경우입니다.
- 뭔가를 즐긴다는 것은 어떤 행위를 즐기는 것이기 때문에 동명사를 목적어로 쓰게 됩니다.

정답: He enjoys talking to people.

필기체로 영작하기

He enjoys talking to people.
He enjoys talking to people.
He enjoys talking to people.

059 나는 그것에 관해 이야기하는 것을 신경 쓰지 않아.

주어 + 동사 + 동명사

정답 I don't mind talking about it.

필기체로 영작하기

I don't mind talking about it.
I don't mind talking about it.
I don't mind talking about it.

060 주어 + 동사 + 동명사

내가 이런 식으로 계속 살아갈 수는 없지.

정답 I can't keep living this way.

필기체로 영작하기

I can't keep living this way.
I can't keep living this way.
I can't keep living this way.

Part 2

5 형식편

제4장
4형식

1. 주어 + 동사 + 간접 목적어 + 직접 목적어 (+ 부사)
2. 주어 + 동사 + 간접 목적어 + 직접 목적어(구/절)
3. 주어 + 조동사 + 동사 + 간접 목적어 + 직접 목적어
4. 동사 + 간접 목적어 + 직접 목적어(명령문)

061 내가 너에게 그 돈을 약속 할게.
주어 + 동사 + 간접 목적어 + 직접 목적어 (+ 부사)

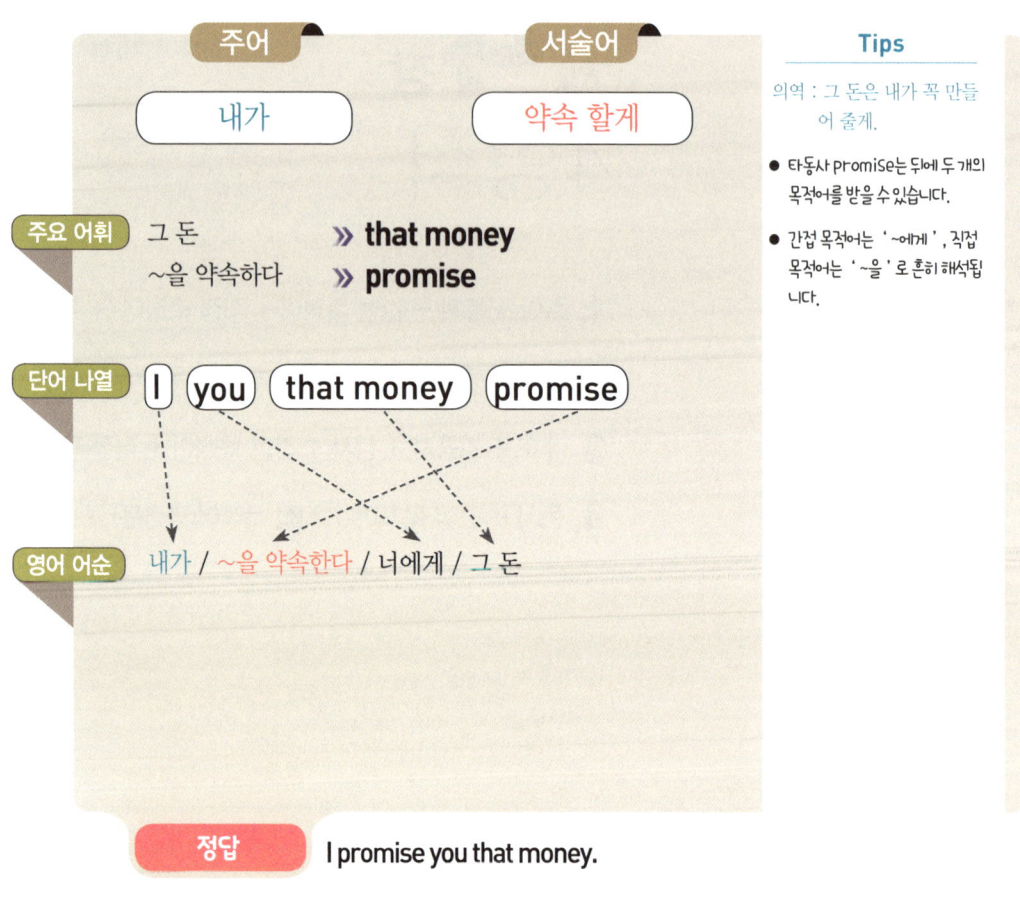

정답 I promise you that money.

필기체로 영작하기

I promise you that money.

I promise you that money.

I promise you that money.

062 주어 + 동사 + 간접 목적어 + 직접 목적어 (+ 부사)

그들은 내게 매일 이메일을 보낸다.

정답 They send me e-mails every day.

필기체로 영작하기

They send me e-mails every day.

They send me e-mails every day.

They send me e-mails every day.

063 주어 + 동사 + 간접 목적어 + 직접 목적어 (+ 부사)

그는 내게 저녁을 대접해주었다.

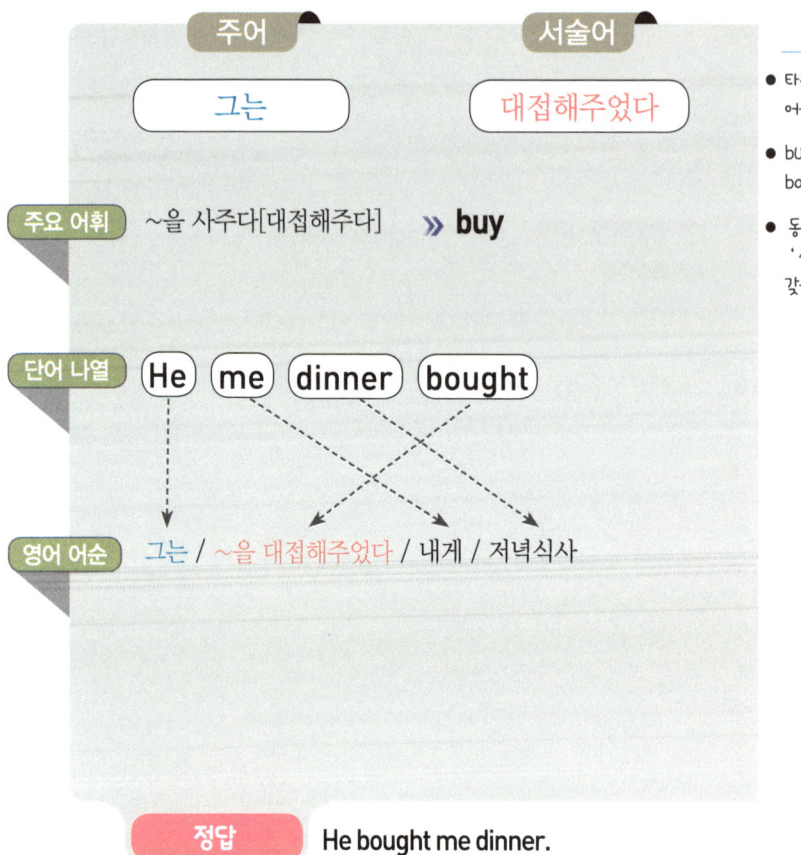

Tips
- 타동사 buy는 뒤에 두 개의 목적어를 받을 수 있습니다.
- buy의 3단변화는 buy-bought-bought입니다.
- 동사 buy는 '물건을 사다', '식사를 대접하다' 등의 의미를 갖습니다.

정답 He bought me dinner.

필기체로 영작하기

He bought me dinner.
He bought me dinner.
He bought me dinner.

064 주어 + 동사 + 간접 목적어 + 직접 목적어 (+ 부사)

그가 내게 지원서를 보내주었다.

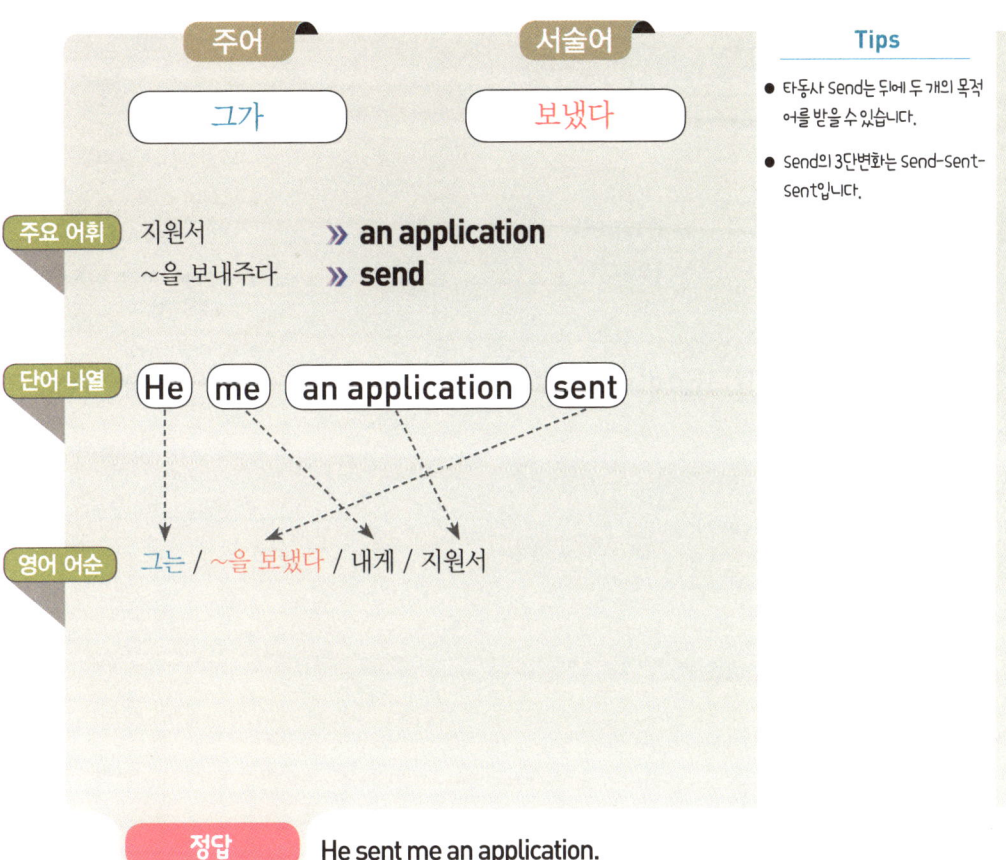

정답: He sent me an application.

필기체로 영작하기

He sent me an application.

He sent me an application.

He sent me an application.

065 주어 + 동사 + 간접 목적어 + 직접 목적어 (+ 부사)

나는 내 자신에게 영어를 가르쳤다.

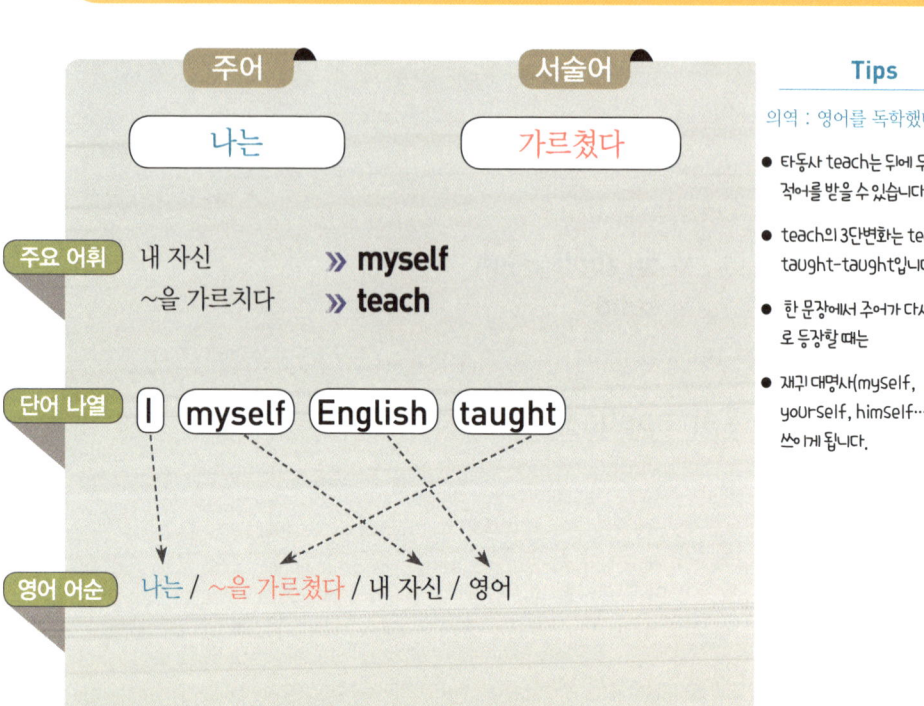

Tips

의역 : 영어를 독학했다.

- 타동사 teach는 뒤에 두 개의 목적어를 받을 수 있습니다.
- teach의 3단변화는 teach-taught-taught입니다.
- 한 문장에서 주어가 다시 목적어로 등장할 때는
- 재귀 대명사(myself, yourself, himself…) 형태로 쓰이게 됩니다.

정답 I taught myself English.

필기체로 영작하기

I taught myself English.
I taught myself English.
I taught myself English.

066 주어 + 동사 + 간접 목적어 + 직접 목적어 (+ 부사)

그들이 내게 좋은 일자리를 제공해주었다.

Tips
● 타동사 offer는 뒤에 두 개의 목적어를 받을 수 있습니다.

정답 They offered me a good job.

필기체로 영작하기

They offered me a good job.
They offered me a good job.
They offered me a good job.

067 개가 그거 하는 방법을 내게 알려줬다.

주어 + 동사 + 간접 목적어 + 직접 목적어(구/절)

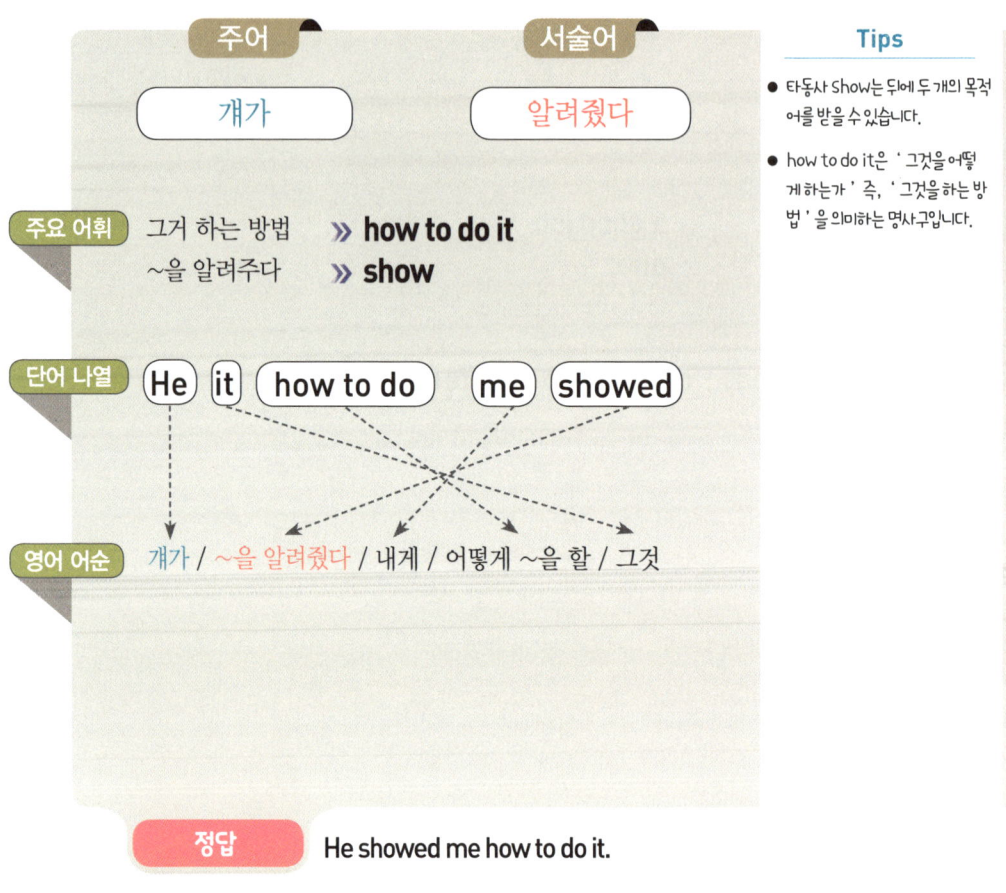

정답 He showed me how to do it.

필기체로 영작하기

He showed me how to do it.
He showed me how to do it.
He showed me how to do it.

068 나는 그녀에게 하는 일을 물었다.

주어 + 동사 + 간접 목적어 + 직접 목적어(구/절)

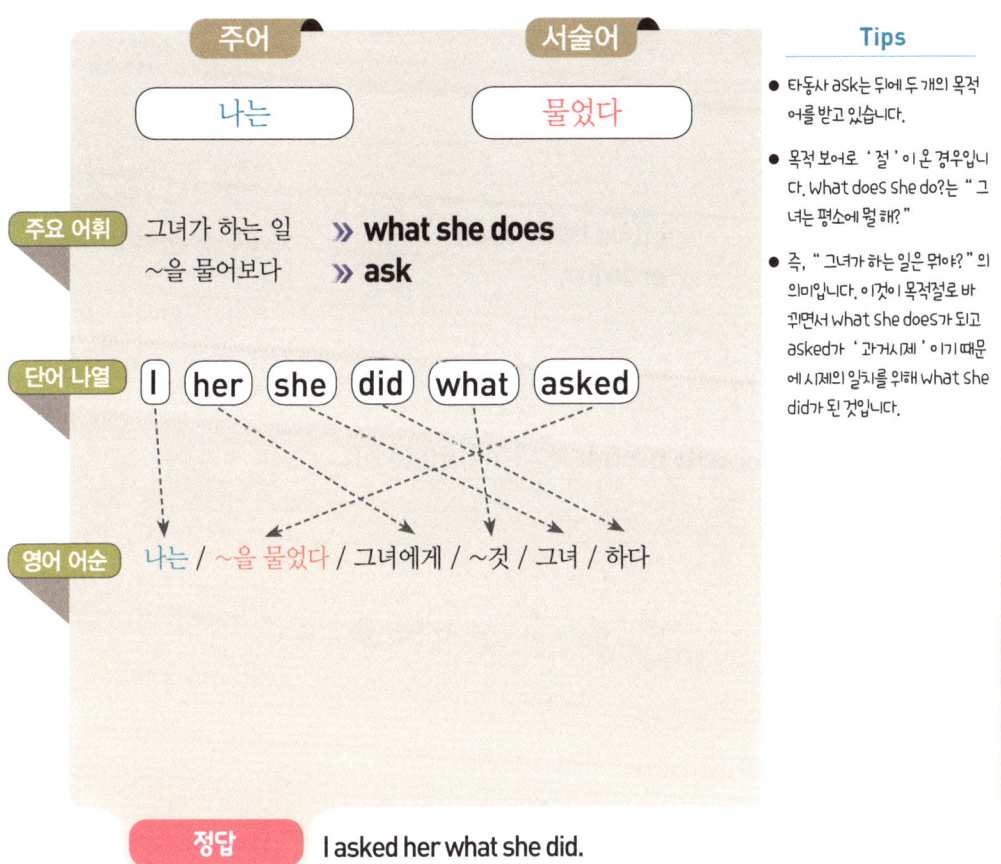

정답 I asked her what she did.

필기체로 영작하기

I asked her what she did.
I asked her what she did.
I asked her what she did.

069 내가 너한테 곧 돌아올 것을 약속해.

주어 + 동사 + 간접 목적어 + 직접 목적어(구/절)

Tips

의역 : 약속 할게. 나 금방 돌아올 거야.

- 타동사 promise는 뒤에 두 개의 목적어를 받을 수 있습니다.
- 이 문장에서는 직접 목적어의 자리에 '절'이 왔습니다.
- be back에서 be는 come의 의미입니다.

정답 I promise you I will be back soon.

필기체로 영작하기

I promise you I will be back soon.
I promise you I will be back soon.
I promise you I will be back soon.

070 주어 + 조동사 + 동사 + 간접 목적어 + 직접 목적어

내가 너에게 커피를 좀 가져다 줄게.

정답   I will get you some coffee.

필기체로 영작하기

I will get you some coffee.
I will get you some coffee.
I will get you some coffee.

071 주어 + 조동사 + 동사 + 간접 목적어 + 직접 목적어

내가 너한테 몇 가지 질문을 물어볼게.

정답 I will ask you a few questions.

필기체로 영작하기

I will ask you a few questions.
I will ask you a few questions.
I will ask you a few questions.

072 주어 + 조동사 + 동사 + 간접 목적어 + 직접 목적어
내가 너에게 그 콘서트 티켓을 사줄게.

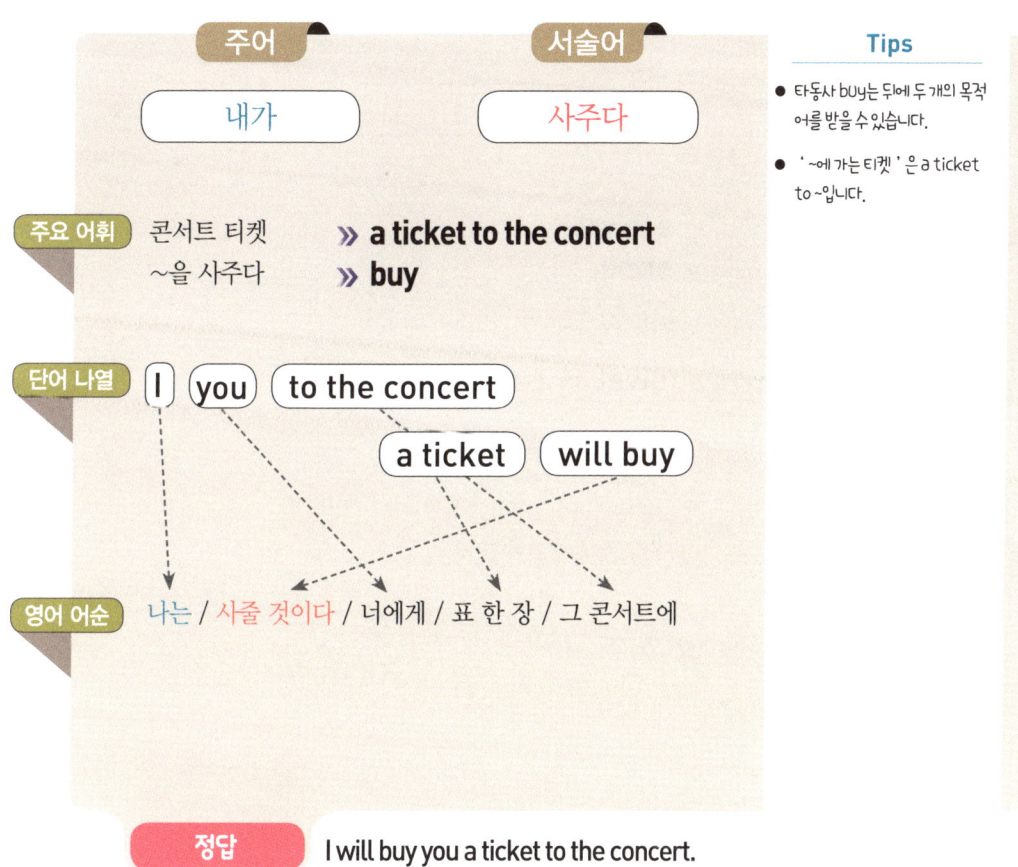

Tips
- 타동사 buy는 뒤에 두 개의 목적어를 받을 수 있습니다.
- '~에 가는 티켓'은 a ticket to ~입니다.

정답 I will buy you a ticket to the concert.

필기체로 영작하기

I will buy you a ticket to the concert.
I will buy you a ticket to the concert.
I will buy you a ticket to the concert.

073 주어 + 조동사 + 동사 + 간접 목적어 + 직접 목적어

너는 그에게 타월 한 장을 가져다 줘도 좋다.

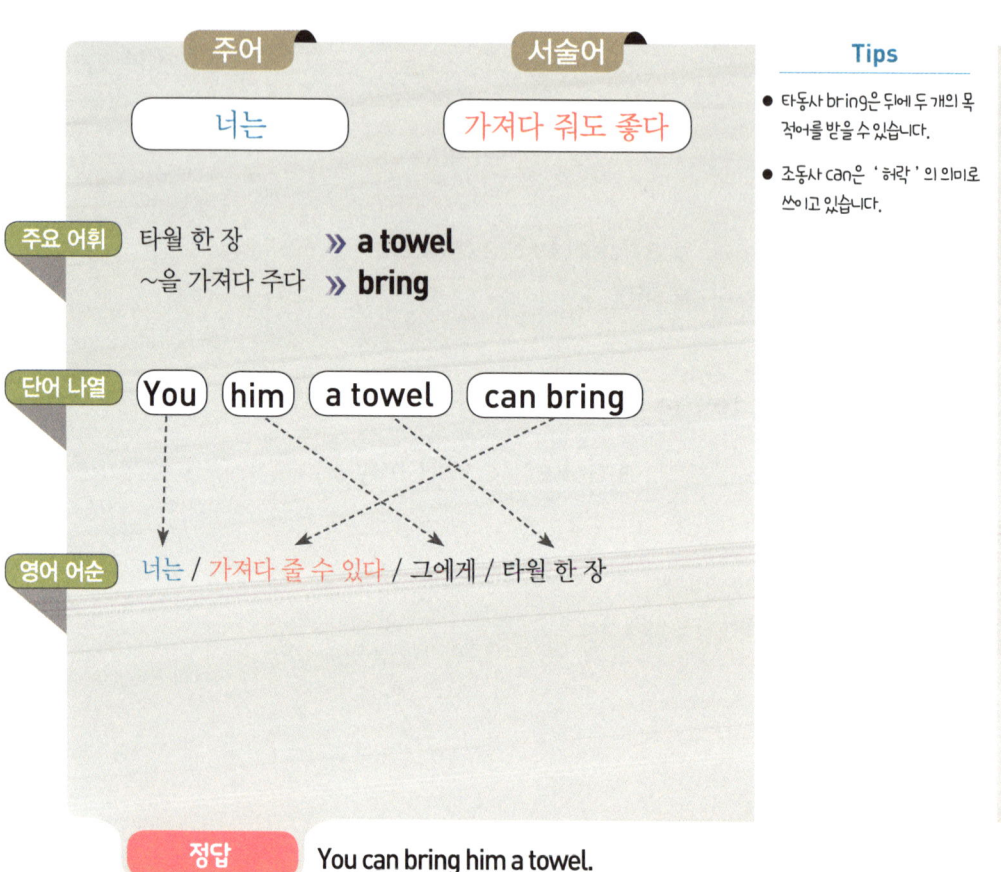

Tips
- 타동사 bring은 뒤에 두 개의 목적어를 받을 수 있습니다.
- 조동사 can은 '허락'의 의미로 쓰이고 있습니다.

정답 You can bring him a towel.

필기체로 영작하기

You can bring him a towel.
You can bring him a towel.
You can bring him a towel.

074 주어 + 조동사 + 동사 + 간접 목적어 + 직접 목적어

제가 당신에게 몇 가지를 가르쳐드릴 수 있어요.

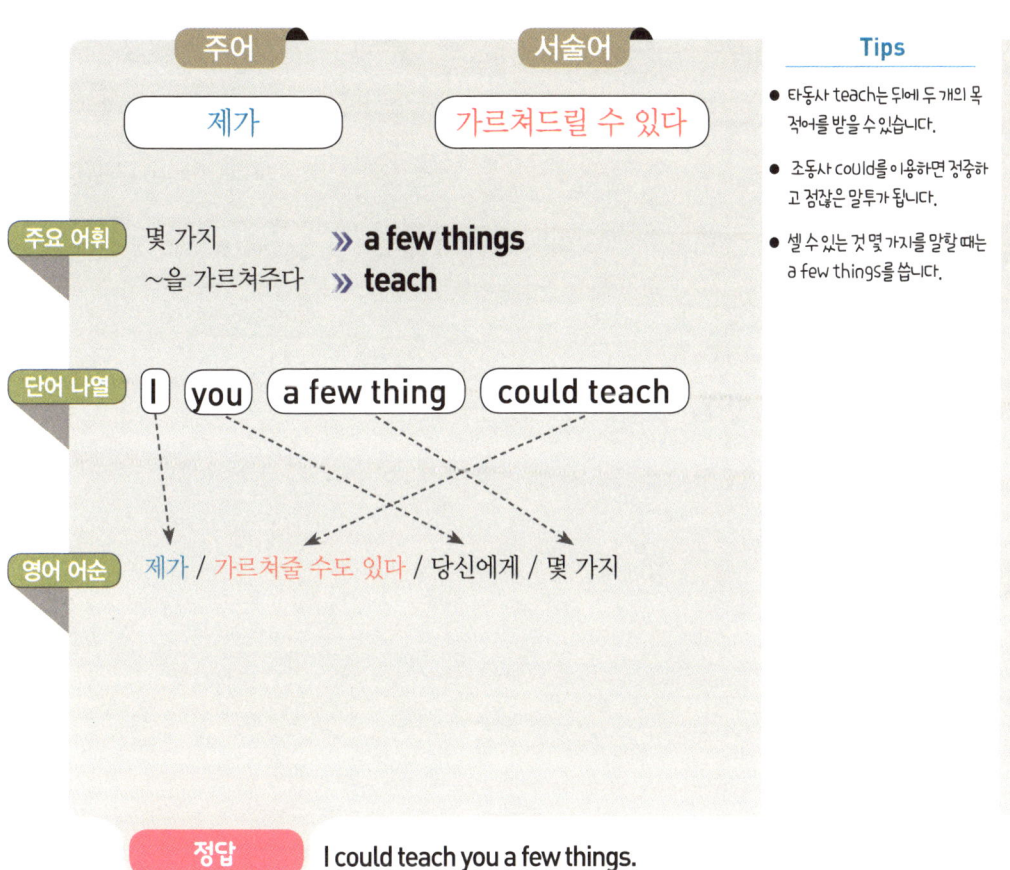

Tips
- 타동사 teach는 뒤에 두 개의 목적어를 받을 수 있습니다.
- 조동사 could를 이용하면 정중하고 점잖은 말투가 됩니다.
- 셀 수 있는 것 몇 가지를 말할 때는 a few things를 씁니다.

정답: I could teach you a few things.

필기체로 영작하기

I could teach you a few things.
I could teach you a few things.
I could teach you a few things.

075 주어 + 조동사 + 동사 + 간접 목적어 + 직접 목적어

나는 그에게 왜 내가 그를 원하는 지를 말할 수가 없어.

정답 I can't tell him why I want him.

필기체로 영작하기

I can't tell him why I want him.

I can't tell him why I want him.

I can't tell him why I want him.

076 동사 + 간접 목적어 + 직접 목적어(명령문)

내게 약간의 시간을 좀 줘.

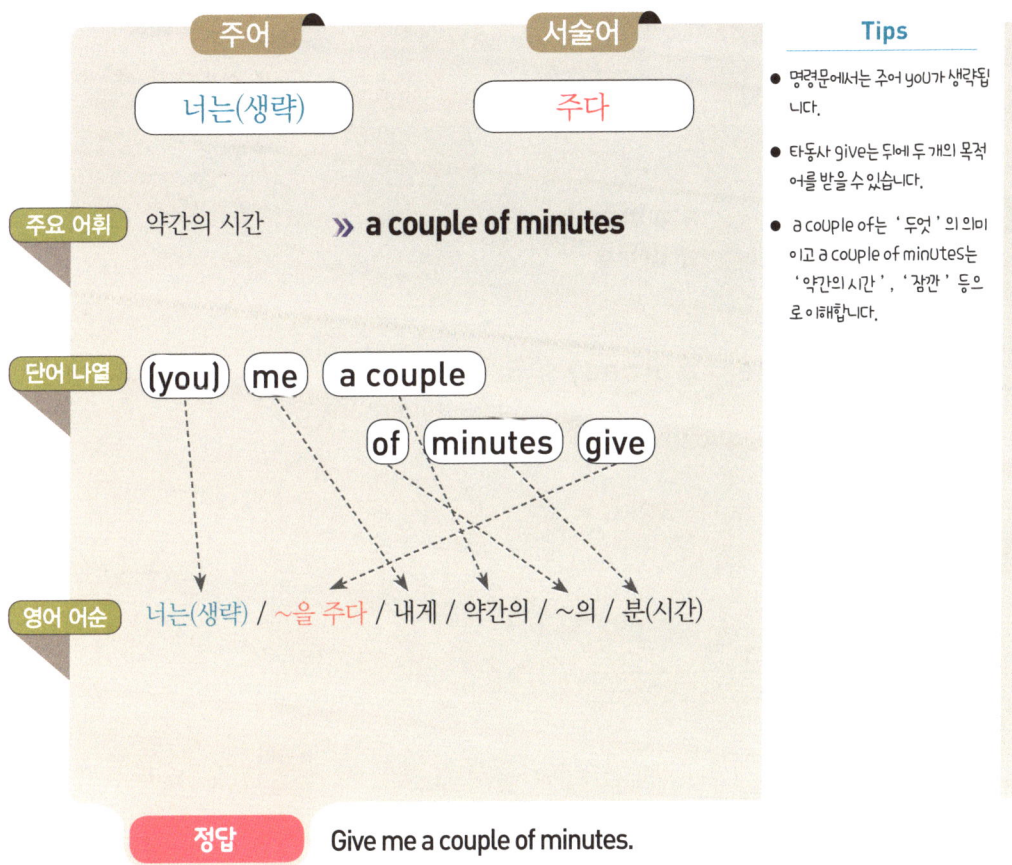

정답 Give me a couple of minutes.

필기체로 영작하기

Give me a couple of minutes.
Give me a couple of minutes.
Give me a couple of minutes.

077 내게 브랜디 한 잔을 가져다 줘.

동사 + 간접 목적어 + 직접 목적어(명령문)

정답 Bring me a brandy.

필기체로 영작하기

Bring me a brandy.
Bring me a brandy.
Bring me a brandy.

078 | 동사 + 간접 목적어 + 직접 목적어(명령문)

내게 좋은 소파를 좀 찾아줘.

Tips
- 타동사 find는 뒤에 두 개의 목적어를 받을 수 있습니다.
- Find me a girl. 이라고 하면 "여자 좀 소개시켜 줘."의 의미가 됩니다.

정답 Find me a nice sofa.

필기체로 영작하기

Find me a nice sofa.
Find me a nice sofa.
Find me a nice sofa.

079 내게 그 편지를 읽어줘.

동사 + 간접 목적어 + 직접 목적어(명령문)

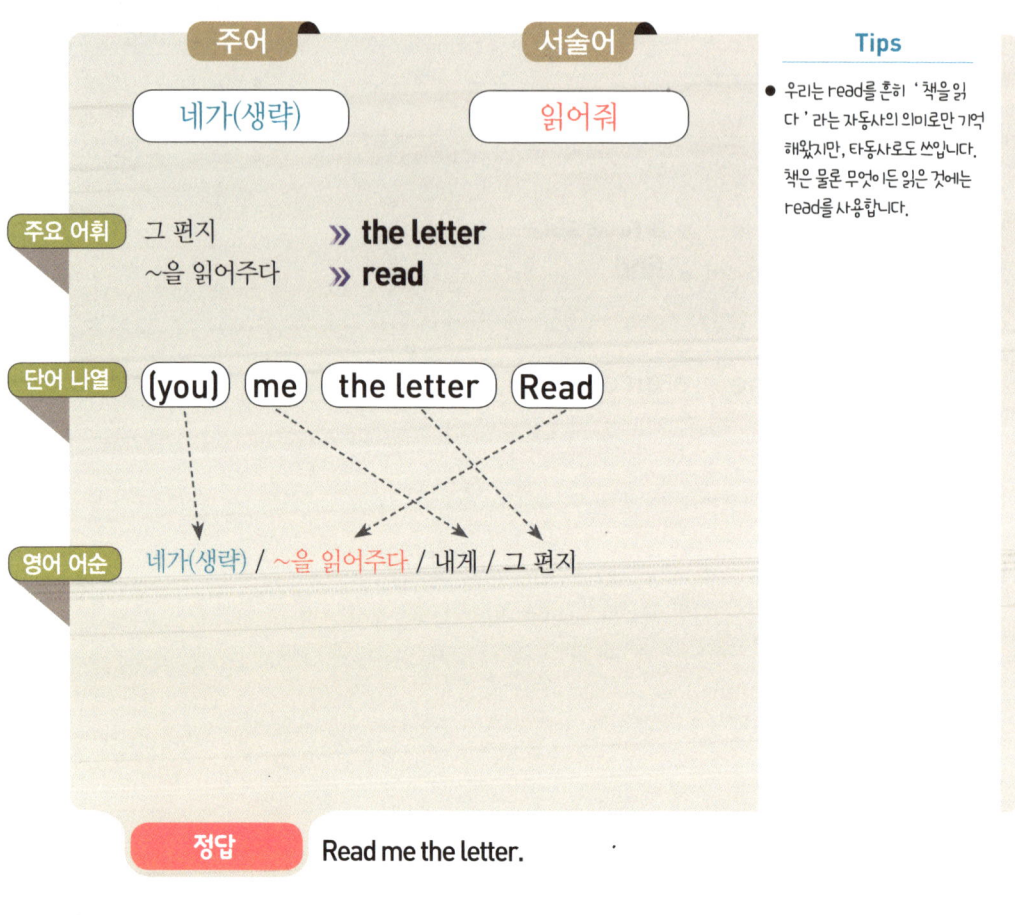

Tips
● 우리는 read를 흔히 '책을 읽다'라는 자동사의 의미로만 기억해왔지만, 타동사로도 쓰입니다. 책은 물론 무엇이든 읽은 것에는 read를 사용합니다.

정답 Read me the letter.

필기체로 영작하기

Read me the letter.
Read me the letter.
Read me the letter.

080 나에게 그런 말하지 마.

동사 + 간접 목적어 + 직접 목적어(명령문)

주어: 너는(생략)
서술어: 말하지 마

주요 어휘
- 그런 말 » that
- ~을 말하다 » tell

단어 나열: (you) me that Don't tell

영어 어순: 너는(생략) / ~을 말하지 마 / 나한테 / 그런 말(그것)

Tips
- 타동사 tell은 뒤에 두 개의 목적어를 받을 수 있습니다.
- 명령문에서의 부정은 맨 앞에 Don't를 이용합니다.
- 대명사 that는 '그 말', '그것', '그 상황', '그 물건' 등 추상적인 것과 물리적인 것을 모두 포함합니다.

정답: Don't tell me that.

필기체로 영작하기

Don't tell me that.
Don't tell me that.
Don't tell me that.

Part 2
5 형식편

제 5 장
5형식

1. 주어 + 동사 + 목적어 + 목적보어(형용사)

2. 주어 + 동사 + 목적어 + 목적보어(현재분사)

3. 주어 + 동사 + 목적어 + 목적보어(동사 원형)

4. 주어 + 동사 + 목적어 + 목적보어(to 부정사)

주어 + 동사 + 목적어 + 목적보어(형용사)

081 나는 그녀가 매력적이라는 사실을 알게 되었다.

정답 I found her attractive.

필기체로 영작하기

I found her attractive.
I found her attractive.
I found her attractive.

082 주어 + 동사 + 목적어 + 목적보어(형용사)

너는 아마 그 일이 어렵다는 사실을 알게 될 거야.

정답 You will find it difficult.

083 주어 + 동사 + 목적어 + 목적보어(형용사)

대부분의 사람들은 그 정보가 값어치 있다고 알게 된다.

정답 Most people find the information valuable.

필기체로 영작하기

Most people find the information valuable.
Most people find the information valuable.
Most people find the information valuable.

주어 + 동사 + 목적어 + 목적보어(형용사)

084 나를 혼자 있게 내버려 둬.

주어: 너는(생략)
서술어: 내버려 두다

주요 어휘
- 혼자 있는 » **alone**
- ~의 상태로 두다 » **leave**

Tips
- 타동사 leave가 5형식 동사로 사용되고 있습니다.
- 목적 보어로 형용사 alone이 쓰였습니다.

단어 나열: (you) me alone Leave

영어 어순: 너는(생략) / ~을 내버려 두다 / 나를 / 혼자 있는

정답: Leave me alone.

필기체로 영작하기

Leave me alone.
Leave me alone.
Leave me alone.

085 주어 + 동사 + 목적어 + 목적보어(형용사)

그 홍수가 많은 사람들을 집이 없는 상태로 두었다.

정답 The flood left many people homeless.

필기체로 영작하기

The flood left many people homeless.
The flood left many people homeless.
The flood left many people homeless.

086 주어 + 동사 + 목적어 + 목적보어(형용사)

그 문은 열린 상태로 둬라.

주어: 너는(생략)
서술어: 상태로 둬라

Tips
- 타동사 leave가 5형식 동사로 사용되고 있습니다.
- 목적 보어로 형용사 open이 쓰였습니다.

주요 어휘
그 문 》 **the door**
열린 상태인 》 **open**
~의 상태로 두다 》 **leave**

단어 나열: (you) the door open Leave

영어 어순: 너는(생략) / ~의 상태로 두다 / 그 문 / 열려 있는

정답: Leave the door open.

필기체로 영작하기

Leave the door open.
Leave the door open.
Leave the door open.

087 네 방을 깨끗한 상태로 유지시켜라.

주어 + 동사 + 목적어 + 목적보어(형용사)

주어: 너는(생략)
서술어: 유지시켜라

주요 어휘
- 네 방 » your room
- 깨끗한 상태인 » clean
- ~의 상태로 유지시키다 » keep

단어 나열: (you) your room clean Keep

영어 어순: 너는(생략) / ~을 유지시키다 / 너의 방 / 깨끗한

Tips
의역: 방 좀 늘 깨끗하게 정리해.
- 타동사 keep가 5형식 동사로 사용되고 있습니다.
- 목적 보어로 형용사 clean이 쓰였습니다.

정답: Keep your room clean.

필기체로 영작하기

Keep your room clean.
Keep your room clean.
Keep your room clean.

088 나는 그것이 오고 있는 것을 봤어.

주어 + 동사 + 목적어 + 목적보어(현재분사)

정답 I saw it coming.

필기체로 영작하기

I saw it coming.
I saw it coming.
I saw it coming.

089 나는 그녀가 스파게티 먹고 있는 걸 봤어.

주어 + 동사 + 목적어 + 목적보어(현재분사)

정답 I saw her eating spaghetti.

Tips
- 타동사 see를 5형식 동사로 쓰고 있습니다.
- 목적보어로 현재분사가 오면 지금이나 그 당시에 어떤 행동이 진행되고 있음을 보거나 봤다는 의미입니다.

필기체로 영작하기

I saw her eating spaghetti.
I saw her eating spaghetti.
I saw her eating spaghetti.

090 주어 + 동사 + 목적어 + 목적보어(현재분사)

나는 그가 노래하는 소리를 들었어.

Tips
- 타동사이자 지각동사인 hear를 5형식 동사로 이용하고 있습니다.
- singing은 '진행'의 의미이기 때문에 '노래하고 있는 소리를 들었다'는 의미가 됩니다.

정답 I heard him singing.

필기체로 영작하기

I heard him singing.
I heard him singing.
I heard him singing.

091 주어 + 동사 + 목적어 + 목적보어(현재분사)

나는 그가 담을 넘어가고 있는 것을 발견했어.

정답 I found him climbing over the wall.

필기체로 영작하기

I found him climbing over the wall.
I found him climbing over the wall.
I found him climbing over the wall.

092
주어 + 동사 + 목적어 + 목적보어(동사 원형)

내가 저녁을 다 먹게 좀 내버려 둬.

정답 Let me finish dinner.

필기체로 영작하기

Let me finish dinner.
Let me finish dinner.
Let me finish dinner.

093 무엇이 네가 그 말을 하게 만드는 거야?

주어 + 동사 + 목적어 + 목적보어(동사 원형)

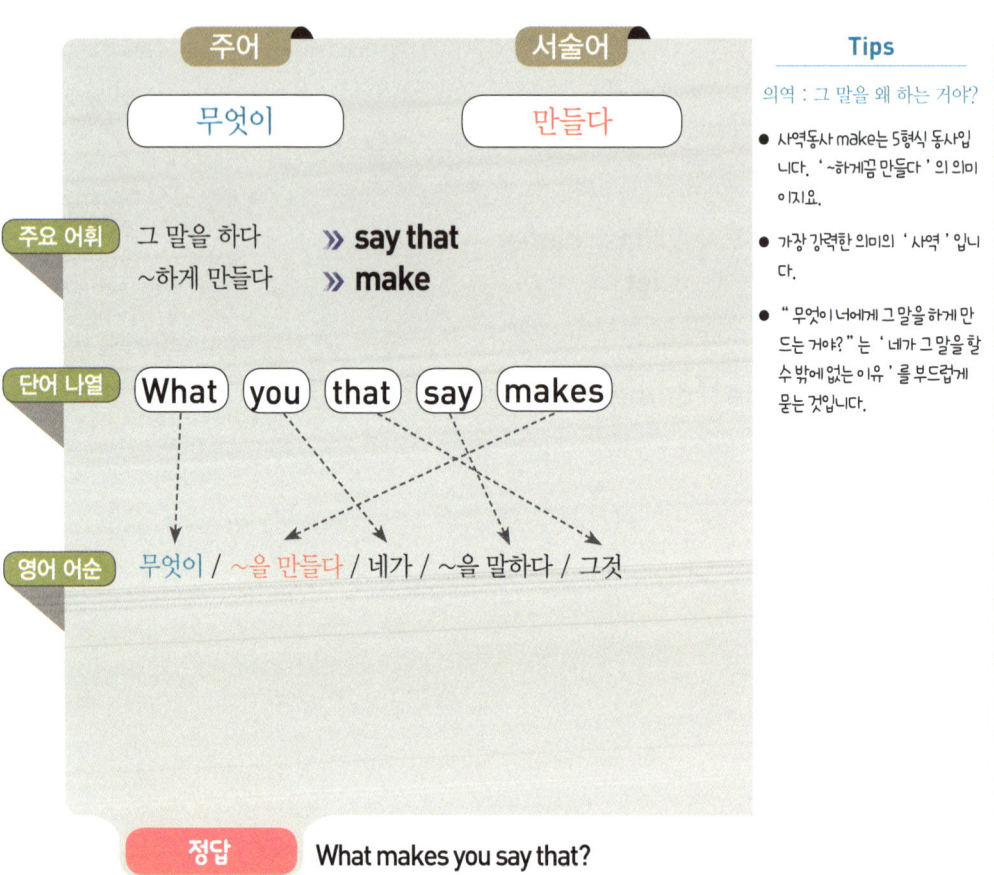

정답 What makes you say that?

필기체로 영작하기

What makes you say that?
What makes you say that?
What makes you say that?

094 그것이 나를 서두르게 만들었다.

주어 + 동사 + 목적어 + 목적보어(동사 원형)

Tips

의역 : 그래서 내가 서둘렀던 건데.

- 사역동사 make는 5형식 동사입니다. '~하게끔 만들다'의 의미이지요.
- made가 과거임에도 hurry는 동사원형인 이유는 made의 시제와 관계없이 make는 사역동사이기 때문에 목적보어로 동사 원형을 써야하기 때문입니다.

정답 It made me hurry.

필기체로 영작하기

It made me hurry.
It made me hurry.
It made me hurry.

095 주어 + 동사 + 목적어 + 목적보어(동사 원형)

나는 그 차가 사라지는 모습을 지켜봤다.

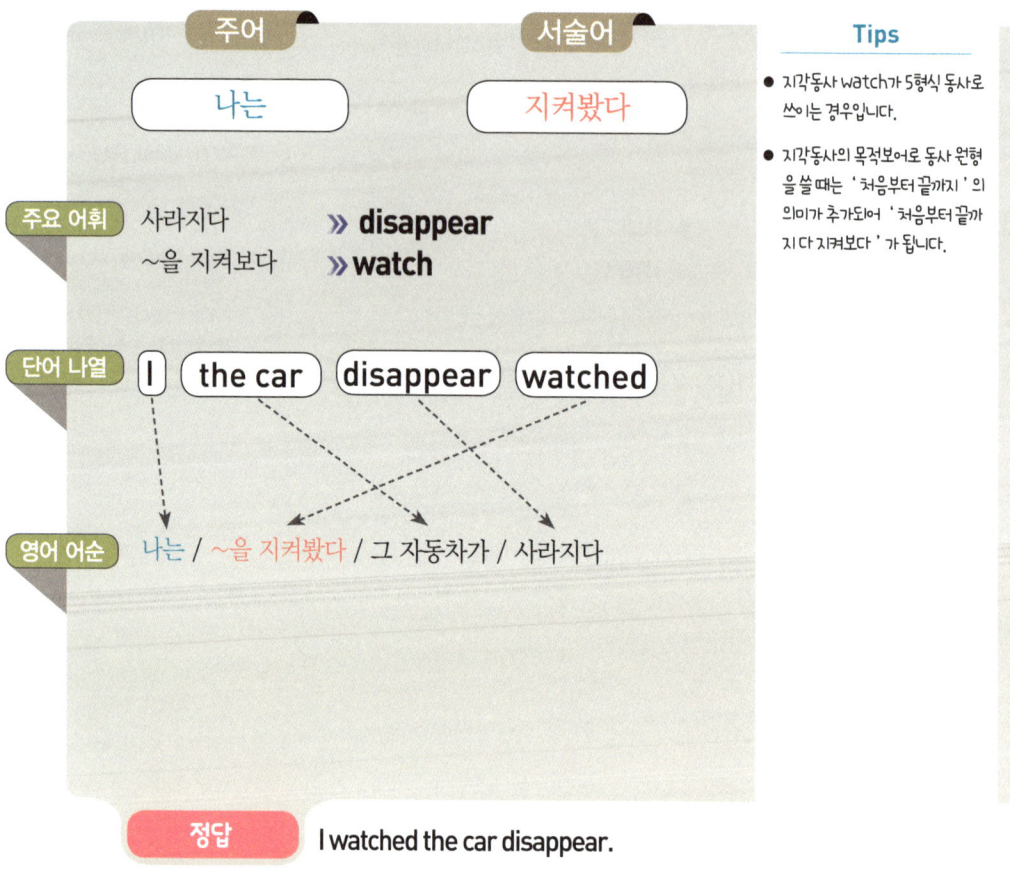

정답 I watched the car disappear.

필기체로 영작하기

I watched the car disappear.

I watched the car disappear.

I watched the car disappear.

주어 + 동사 + 목적어 + 목적보어(동사 원형)

096 나는 그녀가 자신이 마시던 물을 그에게 뿌리는 걸 봤다.

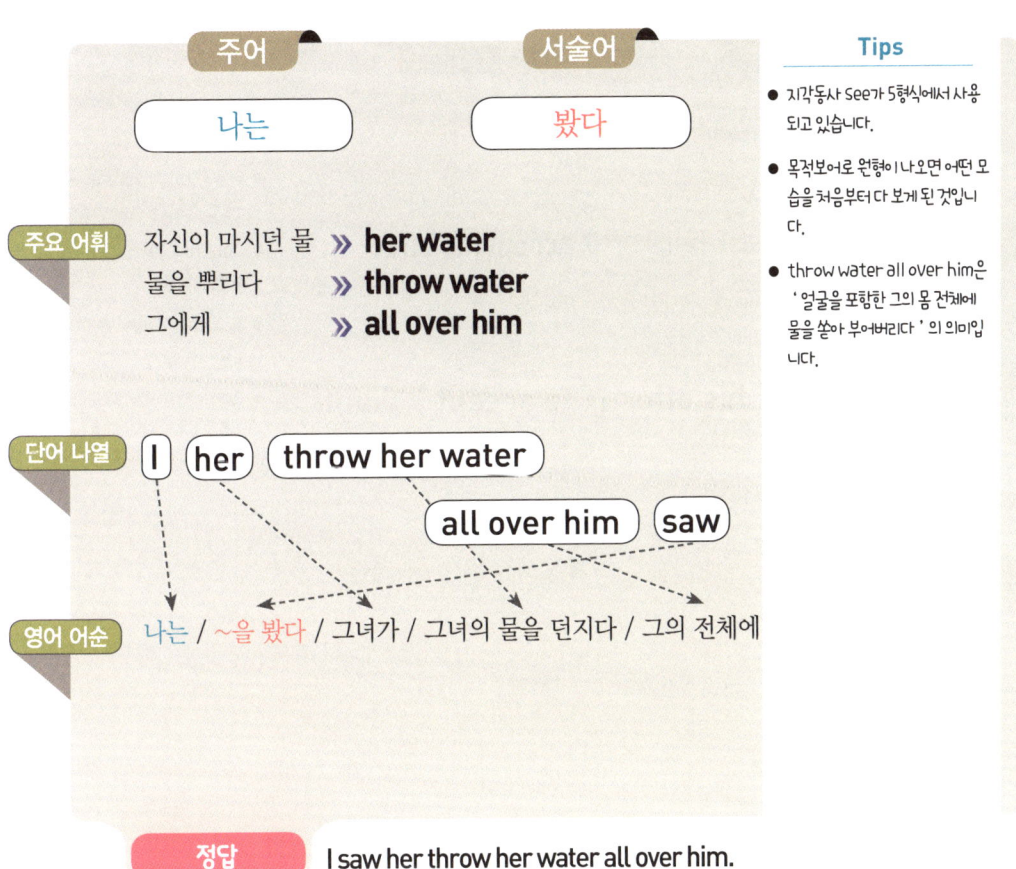

정답 I saw her throw her water all over him.

Tips
- 지각동사 see가 5형식에서 사용되고 있습니다.
- 목적보어로 원형이 나오면 어떤 모습을 처음부터 다 보게 된 것입니다.
- throw water all over him은 '얼굴을 포함한 그의 몸 전체에 물을 쏟아 부어버리다'의 의미입니다.

필기체로 영작하기

I saw her throw her water all over him.
I saw her throw her water all over him.
I saw her throw her water all over him.

097 주어 + 동사 + 목적어 + 목적보어(to 부정사)

나는 네가 그의 제안을 받아들이길 원해.

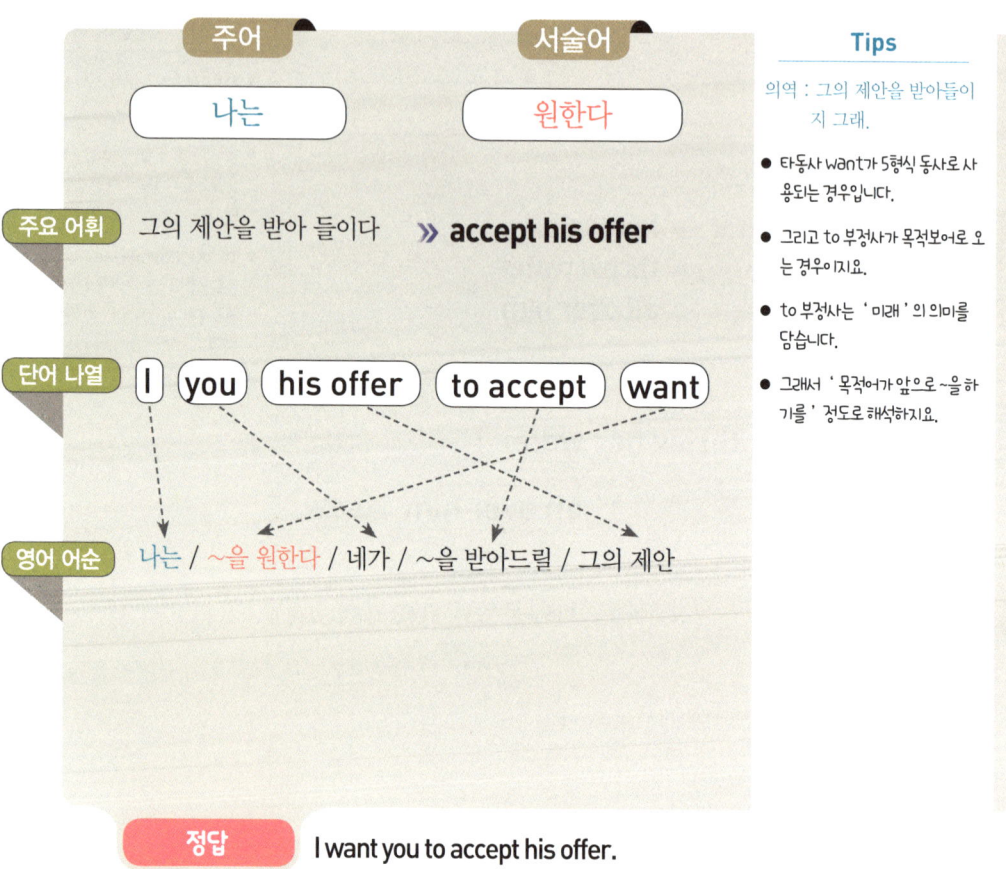

Tips

의역 : 그의 제안을 받아들이 지 그래.

- 타동사 want가 5형식 동사로 사용되는 경우입니다.
- 그리고 to 부정사가 목적보어로 오는 경우이지요.
- to 부정사는 '미래'의 의미를 담습니다.
- 그래서 '목적어가 앞으로 ~을 하기를' 정도로 해석하지요.

정답 I want you to accept his offer.

필기체로 영작하기

I want you to accept his offer.
I want you to accept his offer.
I want you to accept his offer.

098 주어 + 동사 + 목적어 + 목적보어(to 부정사)

그는 내게 살을 빼라고 강요했다.

Tips
- 타동사 force가 5형식 동사로 쓰이고 있습니다.
- force는 '힘으로 강요하다', '강제로 뭔가를 하게 만들다' 등의 의미이지요.
- 하지만 지금 당장 하라고 강요하는 사역동사는 아닙니다.
- 앞으로 그렇게 하라는 강요이지요. 그래서 목적보어로 to 부정사를 사용합니다.

정답 He forced me to lose weight.

필기체로 영작하기

He forced me to lose weight.
He forced me to lose weight.
He forced me to lose weight.

100 주어 + 동사 + 목적어 + 목적보어(to 부정사)

그가 내게 그 일을 맡아서 해달라고 부탁했다.

Tips
- 동사 ask가 5형식 동사로 이용되고 있습니다.
- take over는 '~을 떠맡아서 하다'의 의미입니다.

정답 He asked me to take over the job.

필기체로 영작하기

He asked me to take over the job.
He asked me to take over the job.
He asked me to take over the job.

A 브랜드 라떼 shot 6.6
B 브랜드 라떼 small 5.5
C 브랜드 라떼 regular 4.6

누구나 좋아하는
브랜드 커피 **한 잔**으로

나만의 멋진
영어 필기체 완성

착한 가격 **4,900**원

무턱대고 쓰기만 하면
영어 필기체가 만들어질까요?

하나씩 차근차근
단계를 밟아가며
자신만의 글꼴을 만들어보세요.

나만의 멋진 **영어 필기체** 완성

글꼴연구소 지음 | 185x255 | 스프링북 | 착한 가격 4,900원

지금 적중을 경험하래!

엣지 실전모의고사 TOEIC 시험 적중 분석!!!

* 103번 적중 > 엣지 모의고사 3회 112번
  전치사 "in"은 "~에 있어서의" 의미이다.

* 105번 적중 > 엣지 모의고사 3회 146번
  "available"은 형용사로 "이용가능한"의 의미이다.

* 107번 적중 > 엣지 모의고사 1회 113번
  "for" 전치사의 의미를 묻는 문제, "~하기 위해"의 의미로 목적을 나타낸다.

* 114번 적중 > 엣지 모의고사 1회 117번
  "charge"는 명사로 "청구금액, 청구액"의 의미이다.

* 119번 적중 > 엣지 모의고사 3회 116번
  "themselves" 목적어로 쓰인 재귀대명사는 주어와 일치할 때 사용한다.

... ...

박영수 지음 | TOEIC 실제 시험지 사이즈 | 모의고사 3세트 | 특별 정가 5,500원

영어 하자!!!

기본문장 **40**개
x 표현확장 **40**개 = **1,600**문장

네이티브는 일상에서 **쉬운 영어**로만 말한다!

외국인이 자주 쓰는 **40개 기본문장**으로 쉽게 말할 수 있다!

☆ **40개 기본문장**으로 쉽게 말한다!
　Do you…? / **What do you**…? / **I am happy to**… / **I can**…

☆ **40개 기본문장**으로 길게 말한다!
　"넌 영화를 좋아해? 그 영화 어때? 영화봐서 행복해. 나는 또 볼 수 있어."

☆ **40개 기본문장**으로 유창하게 말한다.
　Do you like movies? **What do you** think about the movie? **I am happy to** see the movie. **I can** watch it again.

발칙한 **영어**로 진짜 쉽게 **말하자**
- 기본문장 편

심진섭, 레이나, 김현주 지음 | 170x225 | 384p | 14,800원

네이티브는 일상에서 **쉬운 영어**로만 말한다!
외국인이 자주 쓰는 **40개 확장표현**으로 쉽게 말할 수 있다!

☆ **40개 확장표현**으로 쉽게 말한다!
　clean up… / **be carrying out**… / **listen to**… / **focus on**…

☆ **40개 확장표현**으로 길게 말한다!
　"너는 나 대신 집안을 **치울** 수 있니? 나는 지금 프로젝트의 마지막 부분을 **실행하는 중**이야. 이것을 끝낸 후에, 나는 네가 말하는 모든 것들을 **경청할게**. 내가 끝까지 프로젝트에 **집중하도록** 해줘."

☆ **40개 확장표현**으로 유창하게 말한다.
　Can you **clean up** the house instead of me? I **am carrying out** the last part of the project. After finishing this, I will **listen** carefully **to** everything you say. Please let me **focus on** the project to the end.

어떻게~
감이 좀~ 잡히시나요?
OPIc 같은 스피킹 시험도
문제 없습니다.

발칙한 영어로 유창하게 말하자
- 표현확장 편

심진섭, 레이나, 김현주 지음 | 170x225 | 436p | 14,800원